Bruno Lehmann | Sabine Käch

111 Orte im Emmental, die man gesehen haben muss

111

emons:

Bibliografische Information der Deutschen Nationalbibliothek
Die Deutsche Nationalbibliothek verzeichnet diese Publikation in der Deutschen Nationalbibliografie; detaillierte bibliografische Daten sind im Internet über http://dnb.d-nb.de abrufbar.

Layout: Anja Sauerland, nach einem Konzept von Lübbeke | Naumann | Thoben
Kartografie: altancicek.design, www.altancicek.de
Kartenbasisinformationen aus Openstreetmap,
© OpenStreetMap-Mitwirkende, ODbL
Druck und Bindung: CPI books GmbH, Leck
Printed in Germany 2023
ISBN 978-3-7408-1517-2

Vorwort

«Dieses Tal, durch welches die Emme fliesst, bis sie in die Aare mündet, also das eigentliche Emmental, ist eines der schönsten und lieblichsten im Schosse der Schweiz, und gar manches Kleinod des Landes erhebt sich auf den mässigen Emmehügeln und luegt freundlich übers Land oder steht keck auf der Emme abgewonnenem Schachen oder Moosgrunde und erntet in reicher Fülle da, wo ehedem die Emme Steine gesät und Steine gewässert.»

Dieses Porträt des Emmentals stammt – wie könnte es anders sein – aus der Feder von Jeremias Gotthelf. Dabei ist «das Emmental» keine klar umrissene Region, eindeutig sind die Grenzen nur, wenn sie – wie hier – als «Verwaltungskreis Emmental» verstanden wird. Ihre 39 Gemeinden bilden denn auch die Tourismusregion Emmental. Nur zwei Mal wird diese Grenze überschritten, aus vertretbaren Gründen (Ort 7 und Ort 48).

Die 39 Gemeinden umfassen ein Gebiet von 690 Quadratkilometern, womit das Emmental um einiges grösser ist als etwa der Kanton Baselland. Da auf dieser Fläche aber nur rund 100.000 Personen leben, ist die Bevölkerungsdichte mit 145 Einwohnern pro Quadratkilometer gesamtschweizerisch gesehen und auch im Vergleich zum Gesamtkanton Bern unterdurchschnittlich.

Rein optisch dominiert im Emmental immer noch die Landwirtschaft mit ihren vielen, architektonisch bis ins Detail sehr sorgfältig gestalteten Gebäuden. Daneben ist der industriell-gewerbliche Sektor in den letzten Jahrzehnten stark gewachsen, und verschiedene Firmen sind auch international ausgerichtet. Trotzdem haben sich viele ländliche und teilweise jahrhundertealte Traditionen erhalten und werden weiter gepflegt. Unser Buch soll dazu anregen, sich mit den Bräuchen und der Geschichte des Emmentals zu beschäftigen und sich an der Schönheit der Landschaft und ihrer Höfe und Häuser bewusster zu erfreuen – so wie es uns bei unseren Fahrten durchs Emmental ergangen ist.

111 Orte

1 Das Goldwaschen

Nicht nur für Frauen und schwächliche Männer

Die Kunde vom Gold im Emmental soll schon früh bis nach Griechenland gedrungen sein. Auf jeden Fall schreibt der Philosoph und Geschichtsschreiber Poseidonios um 80 vor Christus über die Helvetier, dass «Frauen und schwächliche Männer» in goldführenden Flüsschen nach Gold suchten und daraus Schmuck fertigten. Man geht davon aus, dass Poseidonios damit das Napfgebiet meinte. Sicher ist, dass das Goldwaschen hier bis Ende des 19. Jahrhunderts von Bedeutung war und zeitweise berufsmässig ausgeübt wurde, in wirtschaftlich schlechten Zeiten auch aus der Not heraus. Genaue Zahlen hat man aus dem luzernischen Napfgebiet, wo Goldwäscher dem Staat zwischen 1523 und 1800 insgesamt 31 Kilogramm Gold ablieferten.

Vom Goldwaschen fasziniert war auch Reto Schrag, und er bietet seit Jahren Goldwaschtouren im Emmental an. Theoretisch könnte man es auch auf eigene Faust versuchen, aber es braucht ein geschultes Auge und einige Erfahrung, um goldhaltige Stellen in einem Bach oder Fluss zu erkennen. Und man darf auch nicht auf grosse Goldnuggets hoffen: Das grösste bisher im Napfgebiet entdeckte Nugget wog 2,1 Gramm. Um auf nur ein Gramm Gold zu kommen, muss man im Napfgebiet 1.500 bis 3.000 Flitter finden. Dafür hat dieses Gold einen ausserordentlich hohen Reinheitsgrad von mehr als 23 Karat. Wie Goldflitter aussehen, erfährt man von Reto Schrag. In seinem Shop und im angeschlossenen kleinen Museum erhält man weitere Informationen rund um die Goldgewinnung. Vor Ort kann man auch gleich eine eigene Goldsucherausrüstung erstehen.

Wenn sich drei Schweizer zusammenfinden, gründen sie bekanntlich einen Verein, und so kam es zur Schweizerischen Goldwäschervereinigung, dessen Vorsitz Reto Schrag innehat, mit heute rund 400 Mitgliedern. Und zu einem Verein gehört natürlich auch eine Vereinsmeisterschaft. Seit 1977 gibt es übrigens sogar Weltmeisterschaften im Goldwaschen.

Adresse Neuhofstrasse 38, 3426 Aefligen, www.goldwasch-tour.ch, www.goldwaschen.ch | ÖV ab Bahnhof Aefligen sechs Minuten zu Fuss | Öffnungszeiten Di, Do 14–18 Uhr, Sa 9–12 Uhr | Tipp Fundiertes Wissen zur Goldgewinnung in der Schweiz erhält man auch im von Werner Lüthi gegründeten Goldmuseum. Die «Goldkammer Schweiz» kann im Museum Schloss Burgdorf besucht werden (www.goldkammer.ch).

2 Der Bourbaki-Gedenkstein

Ein Krieg hat Folgen für das Emmental

Das Bourbaki-Panorama in Luzern ist eine viel besuchte touristische Attraktion, die zahlreichen Bourbaki-Gedenksteine, die im Emmental zu finden sind, fristen dagegen ein Dornröschen-Dasein. Sie erinnern an jene sechs Wochen im Deutsch-Französischen Krieg von 1870/71, die auch Auswirkungen auf das Emmental hatten.

Ende Januar 1871 drohte die Situation für die französische Ostarmee unter General Bourbaki hoffnungslos zu werden. Die Soldaten waren erschöpft, teilweise krank und litten wegen ihrer ungenügenden Ausrüstung unter der eisigen Kälte. Es fehlte auch an Verpflegung, und der Munitionsnachschub fiel aus. Bedrängt von deutschen Truppen, musste sich die Armee an die Schweizer Grenze zurückziehen. Um weiteren Kämpfen auszuweichen und deutscher Kriegsgefangenschaft zu entgehen, entschloss man sich, auf neutrales Schweizer Gebiet überzutreten, was die Schweiz bewilligte. Anfang Februar überschritten 87.000 französische Soldaten mit 11.800 Pferden die Grenze. Sie wurden vom Bundesrat den einzelnen Kantonen zugewiesen, Bern teilte seine 20.000 Flüchtlinge wiederum auf die Gemeinden auf. Affoltern hatte 257 Flüchtlinge zu übernehmen. Die Soldaten mussten untergebracht, eingekleidet, verpflegt und auch ärztlich versorgt werden, litten doch einige an Typhus und Pocken. Insgesamt starben in der Schweiz 1.701 internierte Soldaten, vier von ihnen – wie dem Gedenkstein zu entnehmen ist – in Affoltern. Nach dem Friedensschluss konnten die Flüchtlinge ab Mitte März 1871 bereits wieder in ihre Heimat zurückkehren.

General Herzog, Befehlshaber der Schweizer Armee, schrieb in seinem Abschlussbericht an die Bundesversammlung: «… so gebührt das Hauptverdienst einzig und allein der Nächstenliebe, der Opferwilligkeit, dem aufopfernden christlichen Sinne der Bevölkerung […] die in wahrhaft rührseliger Weise fast unmöglich scheinende Leistungen hervorbrachte.»

Adresse Affolternstrasse 43, 3416 Affoltern im Emmental; Gedenkstein an der Ostseite der Kirche | ÖV ab Bahnhof Hasle-Rüegsau Bus 471 bis Affoltern im Emmental Dorf, anschliessend drei Minuten zu Fuss | Tipp Wer weitere Bourbaki-Gedenksteine besuchen will, findet sie zum Beispiel in Kirchberg, Lützelflüh und Signau bei den jeweiligen Kirchen oder in Burgdorf auf dem Friedhof.

3 Das Lueg-Denkmal

Ein etwas anderes Soldatendenkmal

Von Reisen in unsere Nachbarländer kennen wir alle die Denkmäler, die dort in fast jeder Ortschaft zu finden sind und mit denen der im Krieg gefallenen Soldaten aus dem Ort gedacht wird. Insbesondere in deutschen Städten stehen auch Mahnmale, die an die bei den Bombardierungen ums Leben gekommenen Frauen, Kinder und Männer erinnern. Erscheint es da nicht als etwas geschmacklos, dass das Denkmal auf der Lueg der 54 Berner Kavalleristen gedenkt, die während und auch nach dem Ersten Weltkrieg «nur» durch Unfälle und die Spanische Grippe ums Leben kamen? Man wird die Errichtung aber aus der Zeit heraus verstehen müssen, ebenso wie die Schlusszeilen des Gedichts, das damals zur Einweihung des Denkmals von Anna Rütimeier (1857–1922) verfasst wurde: «Und stark und fest gemauert, / Wie auf der ‹Lueg› der Stein, / Soll bis in fernste Zeiten / Die Schweizertreue sein.»

Alfred Guido Roth (1913–2007), der selbst Kavallerist war und dazu auch Mitglied der Stiftung, die sich seit 1932 um den Erhalt des Denkmals kümmert, wies darauf hin, dass man den Tod von vielen Kameraden, mit denen man eine Dienstzeit von mehr als vier Jahren verbracht hatte, als schmerzlich empfand; der Zusammenhalt sei in der Kavallerie besonders eng gewesen. Auch Roth war aber der Meinung, dass man heutzutage ein solches Denkmal nicht mehr errichten würde.

Die mächtige Steinsäule, die an den Turm der Winde in Athen erinnern soll, wurde vom bekannten Berner Architekten Karl Indermühle entworfen. Sie steht nun seit 1921 auf der Lueg, wobei der Standort keineswegs von Anfang an klar war, fehlte es damals doch an einer Verkehrsanbindung. Den Ausschlag gab schliesslich die Aussicht, die man vor dort oben geniesst: das eindrückliche Bergpanorama mit Blick auf über 300 Berggipfel in 14 Kantonen. Die Erschliessung ist heute kein Problem mehr, ein letzter steiler Aufstieg zu Fuss bleibt einem aber nicht erspart.

Adresse Lueg, 3416 Affoltern im Emmental | ÖV ab Bahnhof Burgdorf Bus 468 bis Kaltacker Ramisberg (Fahrplan konsultieren) | Tipp Vor oder nach dem Besuch des Denkmals empfiehlt sich ein Besuch im Landgasthof Lueg, der ebenfalls über eine schöne Aussicht auf die Alpen verfügt und zudem die Stiftung Volksmusik und Volkskultur beherbergt (www.lueg.ch).

4 Der Weg der Milch

Der König der Käse bittet zur Audienz

«Der berühmteste Käse der Welt», wie er auf der Website der Schaukäserei Emmental stolz genannt wird, benötigte etwas mehr Zeit als andere Käsesorten, um in einem eigenen Showroom präsentiert zu werden: Die Schaukäserei für den Greyerzer war 1969, diejenige für den Appenzeller in Stein 1977 eröffnet worden. Verschiedene bernische Regionen hätten die Schaukäserei gern bei sich gesehen, es gab aber ein Problem zu lösen: Emmentaler AOP muss aus Rohmilch hergestellt werden, nur so ist er vor unkontrollierten Gärungen geschützt, bleibt im Alter rein und wird kräftiger im Geschmack. Um eine keim- und bakterienfreie Rohmilch zu erhalten, muss der Bauer auf Silofutter verzichten. Das führt zu Mehrarbeit und einer geringeren Milchmenge. Die Käsereigenossenschaften Affoltern und Schonegg erklärten sich bereit, diese Nachteile auf sich zu nehmen, und so kam die Schaukäserei ins Emmental. Im Mai 1990 wurde sie eröffnet, und auf dem «Königsweg» kann nun der Weg der Milch zum Emmentaler AOP, dem «König der Käse», verfolgt werden. Natürlich kann man ihn hier auch kaufen und konsumieren. Im Shop findet man ein reichhaltiges Käseangebot, und im Restaurant geniesst man ihn neben anderen regionalen Spezialitäten. Die Herzrouten-Etappe von Burgdorf nach Willisau führt an der Schaukäserei vorbei und sorgt für zusätzliche Kundschaft. In zwei Wohnfässern bieten sich Übernachtungsmöglichkeiten.

Architektur- und wirtschaftshistorisch Interessierte entdecken auf dem Areal zudem eine «Übernachtungsmöglichkeit» aus früheren Zeiten, das Küherhaus: In den Küherstöckli verbrachten die Küher, die den Sommer über mit den Kühen auf der Alp gewesen waren und dort Käse hergestellt hatten, den Winter (siehe Ort 31). Das Stöckli wurde 1741 in Lützelflüh erstellt und später nach Affoltern versetzt. Heute kann man hier unter der Anleitung eines erfahrenen Käsers über dem offenen Feuer selbst Käse machen.

Adresse Käsereistrasse 6, 3416 Affoltern im Emmental | ÖV ab Bahnhof Hasle-Rüegsau Bus 471 bis Haltestelle Affoltern Dorf | Öffnungszeiten täglich 9–17 Uhr | Tipp Auf der Fahrt von Hasle-Rüegsau auf die Lueg passiert man in Rüegsbach die Mühle Kleeb AG. Im dazugehörigen Laden gibt es zahlreiche Mehltypen zu kaufen, die aus dem Getreide der Region hergestellt werden (www.muehle-kleeb.ch).

5 Das Vogeldorf

Hotels für besondere Fluggäste

Wenn das kein Erfolg ist: Auf dem Hof des Sohnes von Landwirt und Nationalrat Andreas Aebi nisteten vor zehn Jahren drei Mehlschwalbenpaare, aber keine Rauchschwalben, heute sind es über 150 Mehlschwalben- und zehn Rauchschwalbenpaare. Andreas Aebi ist seit vielen Jahren begeisterter Hobbyornithologe und Initiant des Vereins Vogeldorf Alchenstorf.

Der Verein hat sich zum Ziel gesetzt, durch die Förderung der Biodiversität qualitativ hochwertigen Lebensraum für ausgewählte Vogelarten in der Landwirtschaft und im Siedlungsbereich zu schaffen. Es wurden bereits konkrete Massnahmen ergriffen, um das Dorf für die Vogelwelt attraktiver zu machen: So stellte man vier sogenannte Vogelhotels auf, die ursprünglich Mehlschwalben beherbergen sollten. Sie dienen nun aber auch Staren, Mauerseglern und Fledermäusen als Wohnraum. Weiter wird der Heckenpflege grosse Beachtung geschenkt, um zum Beispiel dem Neuntöter geeignete Nistplätze zu bieten. Auch die Schülerschaft war aktiv und hat die Umgebung des Schulhauses mit verschiedenen Projekten, etwa dem Anpflanzen einer Hecke, insekten- und damit auch vogelfreundlicher gemacht. Um den Kindern eine klare Vorstellung von der Distanz zu geben, die die Schwalben jedes Jahr zwischen Alchenstorf und ihrem Winterquartier in der Sahelzone zurücklegen, liessen die Lehrerinnen ihre Schüler über längere Zeit die selbst zurückgelegten Strecken dokumentieren, bis die 9.000 Kilometer erreicht waren.

Ein Zukunftsprojekt des Vereins ist die Renaturierung eines Baches und – damit verbunden – die Schaffung eines Feuchtgebietes mit Teichen. Das dafür nötige Grundstück in der Grösse von rund zwei Fussballfeldern ist bereits vorhanden.

Als Nationalratspräsident und damit höchster Schweizer 2020/21 hat es Andreas Aebi sogar fertiggebracht, dass 2021 an einem Nebengebäude des Bundeshauses Schwalbennester angebracht wurden …

Adresse Dorfstrasse 36, 3473 Alchenstorf, www.vogeldorf.ch | ÖV ab Bahnhof Wynigen Bus 466 bis Haltestelle Alchenstorf Dorf, anschliessend zwei Minuten zu Fuss | Tipp In der Nachbargemeinde Hellsau hatte der Bildhauer Daniel Ritter eine Idee, um vor allem Mäusebussarden das Leben zu erleichtern: Mit Einwilligung der Gasfirmen montierte er auf inzwischen mehr als 2.000 der orangen Signaltafeln für Gasleitungen Sitzstangen für Greifvögel.

6 Die Forellenzucht

Wie aus einem Hobby ein Haupterwerb wurde

Das Emmental hat viel zu bieten, aber keinen See. Deshalb ist der Angelteich in der Forellenzuchtanlage von Familie Hostettler eines der grössten Gewässer im Emmental. Gegen ein Eintrittsgeld und unter Einhaltung der Tierschutzvorschriften kann dort jeder sein Glück versuchen. Ein Fangerfolg ist jedoch nicht garantiert; der Teich soll möglichst naturnah sein, deshalb ist die Zahl der eingesetzten Forellen beschränkt.

Der Angelteich ist aber nur die «Freizeitabteilung» der Forellenzucht Kräiligen. Das Kerngeschäft ist die Aufzucht und der Verkauf von Bach-, Regenbogen- und Lachsforellen sowie von Saiblingen. Wenn sie in den Verkauf gelangen, sind die Fische zwischen zwei und drei Jahre alt – im Unterschied zu Intensivfischzuchten, wo die Fische bereits nach einem Jahr «verkaufsfertig» herangezüchtet sind. Hostettlers betreiben eine Naturfischzucht mit natürlichen Weihern, nicht mit Kunststoff- oder Betonbecken. Ausserdem vermeidet man hier – wie auch beim Angelteich – eine hohe Besatzdichte. Die Fische sind dadurch weniger krankheitsanfällig. Und unabdingbar ist natürlich gutes Wasser: Für die Aufzuchtanlage und die weiteren Teiche werden 5.000 Liter pro Minute benötigt. Das Wasser geht bei diesem Gewerbe aber wieder in den Kreislauf zurück.

Vor bald 60 Jahren hat der Vater von Ueli Hostettler hobbymässig mit der Fischzucht begonnen, und zwar in einem Baggersee direkt neben seiner Schreinerei. Ueli ging mit 17 Jahren zur Ausbildung nach Deutschland und betreibt die Forellenzucht nun seit mehr als 50 Jahren hauptberuflich zusammen mit seiner Ehefrau Verena. Auch Sohn Beat ist seit mehr als 30 Jahren dabei, und im administrativen Bereich erhalten sie Unterstützung von Tochter Anita.

Der Fischabsatz läuft zufriedenstellend. Ein «Kunde» macht Hostettlers aber zunehmend zu schaffen: Immer mehr Graureiher tun sich an den einfach zu fangenden Fischen gütlich.

Adresse Solothurnstrasse 79, 3315 Kräiligen, www.forellenzucht-kraeiligen.ch | ÖV ab Bahnhof Bätterkinden 23 Minuten zu Fuss | Öffnungszeiten Mitte März–Ende Nov. Mo–Fr 8–12 und 15–19 Uhr | Tipp Wer eine Bachforelle aus Kräiligen geniessen will, dem sei ein Besuch im traditionsreichen Landgasthof Bären Utzenstorf empfohlen. Er ist bereits seit 1261 dokumentiert und wird seit 1570 von derselben Familie geführt, mittlerweile in der 14. Generation.

7 Die Signauer Burgen

Ein Vogt gibt Fersengeld

Allein im oberen Emmental gab es einst mindestens 29 Burgen, nur wenige sind erhalten. Am Übergang vom Emmen- zum Aaretal thronten die Burgen Alt- und Neu-Signau. Die Burg Alt-Signau existierte allerdings nur bis etwa 1340, Neu-Signau wurde 1798 – wie andere Burgen im Kanton Bern – ein indirektes Opfer des Franzoseneinfalls.

Von den Franzosen geschlagene Truppen erschienen vor der Burg und forderten Landvogt Beat Emanuel Tscharner zur Niederlegung seines Amtes auf: Die bernische Regierung sei abgesetzt, und damit falle auch seine Stellung als Vogt dahin. Der ängstliche Vogt zog es vor, die Burg mitten in der Nacht zu verlassen. Seine Abwesenheit wurde zur Plünderung der Burg genutzt. Wie Tscharner der provisorischen Regierung nach Bern berichtete, seien die Archive, das obrigkeitliche Getreide und auch seine Effekten gestohlen worden.

Da die Dorfbewohner von Signau befürchteten, «man werde sie dieser Verbrechen beinahe (!) unverdient beschuldigen», wiesen sie der Regierung gegenüber jede Schuld von sich und warfen dem Vogt vor, seinen Wohnsitz unnötigerweise verlassen zu haben: Wenn er geblieben wäre, wäre gar nichts passiert, so der Tenor. Auf die Rückfrage der Obrigkeit, ob Tscharner nun wieder als Amtmann zurückkehren könne, meldete man nach Bern, dass zu ihm kein Zutrauen mehr vorhanden sei, weil er sich in ängstlicher Weise entfernt habe, die Bevölkerung habe «über die Rückkehr des Amtsmannes ein starkes Missvergnügen bezeugt».

Die Burg Neu-Signau wurde drei Jahre später versteigert. Der Käufer, Distrikts-Statthalter Daniel Röthlisberger aus Langnau, liess sie in der Folge weitgehend abtragen und mit dem Material einige Häuser in Signau bauen. Den Kaufpreis von 52.500 Franken beglich Röthlisberger wie folgt: 27 Franken, sieben Batzen und sieben Rappen zahlte er bar, für den Rest legte er Besoldungsanweisungen der helvetischen Behörden für seinen unbezahlten Lohn vor …

Adresse Altschloss, 3533 Bowil | ÖV ab Bahnhof Signau 45 Minuten zu Fuss | Öffnungszeiten Ruine von Alt-Signau in Privatbesitz, Betreten auf eigene Gefahr | Tipp Die sehr bescheidenen Überreste von Neu-Signau lohnen keinen Besuch, umso mehr aber das Dorf Signau selbst. Es figuriert im Inventar der schützenswerten Ortsbilder der Schweiz und ist damit zu Recht von nationaler Bedeutung.

8 Die Armenerziehung

Von der strengen Anstalt zum Bed and Breakfast

Das Problem der «Working Poor» kannte man im Emmental bereits im 19. Jahrhundert: Viele Familien hatten nicht genug Einkommen, um alle ihre Kinder zu ernähren. Sie waren deshalb gezwungen, mindestens ein paar Kinder «freiwillig» wegzugeben. Es konnte aber auch geschehen, dass man sie den Familien gewaltsam entriss. Ziel der Obrigkeit war es, bettelnde Kinder auf der Strasse zu verhindern.

Die Gemeinden, die für den Unterhalt der armen Familien aufkommen mussten, führten jeweils im Frühling sogenannte Mindeststeigerungen durch. Bei diesen teilweise öffentlichen Veranstaltungen wurden die Kinder denjenigen Bauern zugewiesen, die für ihre Unterbringung das geringste Kostgeld verlangten. Im Jahre 1854 waren im Kanton Bern nicht weniger als 10.491 Kinder so «verdingt».

Da das Verdingwesen früh der Kritik ausgesetzt war, in scharfer Form zum Beispiel von Gotthelf (siehe Ort 68), kam die Idee auf, die Kinder in Armenerziehungsanstalten einzuquartieren. Der Verein für christliche Volksbildung im Kanton Bern beschloss im September 1834 die Gründung einer solchen Einrichtung auf dem Hof Bättwil. Geplant war die erste derartige Anstalt für 20 Zöglinge und fünf Angestellte. Die Buben erhielten Schulunterricht und hatten daneben auf dem Bauernhof mitzuarbeiten, um sich selbst zu versorgen und um Einnahmen zu erzielen. Die Anstalt Bättwil wurde 1835 eröffnet und bestand bis 1854.

Der Hof Bättwil existiert immer noch, Familie Mathys bewirtschaftet ihn seit 1928 in der vierten Generation. Zöglinge sind keine mehr untergebracht. Im Stroh, einem Mehrbettzimmer, vier Doppelzimmern oder in einer Ferienwohnung kann man aber auch heute wieder übernachten. Selbstverständlich ohne gezwungen zu sein, auf dem Betrieb mitzuarbeiten. Und nebenbei erfährt man, wo unsere Lebensmittel herkommen, ist der Hof doch ein vielseitiger Milchwirtschafts- und Ackerbaubetrieb.

Adresse Bättwil 1, 3400 Burgdorf, www.bauernhof-baettwil.ch | ÖV ab Bahnhof Burgdorf Bus 468 bis Haltestelle Ziegelei, anschliessend zehn Minuten zu Fuss | Tipp Ein weiteres Burgdorfer Bed and Breakfast findet sich an der Scheunenstrasse 10 im sogenannten Schiffmann-Haus. Bauherr war 1874 der Vater des Weltreisenden Heinrich Schiffmann, der mit seiner ethnografischen Sammlung den Grundstein für das Burgdorfer Völkerkundemuseum legte.

9 Der Armsünderweg

Ein Nebenerwerb mit bösen Folgen

Wer heute den idyllischen Armsünderweg vom Schloss in die Altstadt hinunterschlendert, ist sich sicher nicht bewusst, dass die auf dem Schloss Verurteilten früher genau denselben Weg zur Richtstätte auf dem Schönebüeli zu gehen hatten. Der Galgenbüelweg, der von dort zum Pleerwald führt, zeigt heute noch, wo bis 1798 der Galgen stand.

Den Armsünderweg hatten 1702 auch der Wasenmeister Johannes Hotz und sein 17-jähriger Sohn Heinrich zu beschreiten, wie üblich unter dem Gebimmel des Totenglöckchens auf dem Schloss. Der Wasenmeister war im Auftrag der Stadt für die Entsorgung verendeter und kranker Tiere zuständig, und er hatte den Scharfrichter zu unterstützen. Er und seine Familie galten wegen ihres Berufs als «unberührbar». So war es ihnen verboten, die Häuser ehrbarer Bürger zu betreten.

Die Felle toter Tiere durfte der Wasenmeister jedoch den Gerbern verkaufen, was ihm neben seinem mageren Lohn ein Zusatzeinkommen verschaffte. Um diesen Nebenverdienst aufzubessern, waren Hotz und sein Sohn auf die böse Idee gekommen, das Vieh der Bauern zu vergiften. In den Jahren 1701 und 1702 häuften sich solche Fälle in und um Burgdorf. Und weil die beiden ungeschickterweise mit angeblichen Gegenmitteln bei den Bauern auftauchten, bevor überhaupt Vergiftungsfälle aufgetreten waren, kam man ihnen auf die Schliche. Sie wurden auf Befehl des Schultheissen verhaftet, und nachdem bereits die Androhung der Folter genügt hatte, sie ihre Missetaten gestehen zu lassen, wurden sie eine Woche später gehängt – im Beisein vieler Zuschauer. Die Ehefrau des Wasenmeisters und die übrigen sechs Kinder sollten in die Verbannung geschickt werden. Dem entzog sich die Ehefrau aber durch Flucht, die Betreuung ihrer Kinder hatte schliesslich der neue Wasenmeister zu übernehmen.

1757 fand auf dem Galgenhügel die letzte Hinrichtung statt. Es war die einer Kindsmörderin.

Adresse Schlossgässli 1, 3400 Burgdorf | ÖV ab Bahnhof Burgdorf Bus 461 bis Haltestelle Kronenplatz, anschliessend fünf Minuten zu Fuss | Anfahrt Parkplätze im Parkhaus Oberstadt | Tipp Das ehemalige Wohnhaus des Wasenmeisters gibt es heute noch, man findet es linker Hand nach der Überquerung der Waldeggbrücke. Bezeichnenderweise steht es etwas abgelegen jenseits der Emme.

10 Der Backsteinbau

Auf dem Weg zur Hauptstadt des Burgunds

Die idealtypische Burg liesse sich wie folgt beschreiben: Sie liegt erhöht in schwer einnehmbarer Lage, ist nur über eine Zugbrücke erreichbar, von Mauern umgeben und zusätzlich durch einen Torturm geschützt. Die Burg umfasst weiters einen Bergfried, der besonders gut befestigt ist und in den sich die Burginsassen nötigenfalls zurückziehen können. Im Wohnturm, auch Palas oder Donjon genannt, der einen grösseren Versammlungssaal und eine Kapelle beherbergt, wohnen die Burgleute. Des Weiteren verfügt die Burg über einen Ziehbrunnen und eine Zisterne zur Wasserversorgung.

All diese Anforderungen erfüllt das Schloss Burgdorf, und ausserdem hatte es früher zwei Vorburgen, die zusätzlichen Schutz boten und den Posten, die das Schloss bewachen sollten, als komfortabel ausgestattete Wohnungen dienten. Aussergewöhnlich ist, dass die Kernburg hier aus Backsteinen erstellt wurde, ein Baumaterial, das in der Entstehungszeit des Schlosses im Jahre 1200 in dieser Gegend noch völlig unüblich war. Die Absicht dahinter war, dass das Gebäude leuchtend rot in die Landschaft hinausstrahlen sollte.

Aus der Tatsache, dass hier ein derart grosser baulicher Aufwand betrieben wurde, schliessen die Archäologen, dass der Bauherr, der damals recht mächtige Berchtold V. von Zähringen – seine Familie gründete Bern, Thun, Murten, Rheinfelden, Freiburg im Üechtland, Freiburg im Breisgau, Villingen, Bräunlingen und Neuenburg am Rhein –, vorhatte, Burgdorf zum Zentrum seines geplanten Herzogtums Burgund zu machen. Dessen Adel hatte er zu Beginn seiner Herrschaft besiegt. Daraus wurde nichts, weil die Zähringer bereits 1218 ausstarben. Neue Schlossherren wurden die Kyburger.

Berchtold V. war übrigens nicht der Erste, der die günstige Wohnlage auf dem hohen Sandsteinfelsen erkannte: Archäologische Untersuchungen haben gezeigt, dass sich dort schon vor 5.500 Jahren Menschen aufgehalten haben.

Adresse Schlossgässli 1, 3400 Burgdorf | ÖV ab Bahnhof Burgdorf Bus 461 bis Haltestelle Kronenplatz, anschliessend fünf Minuten zu Fuss | Anfahrt Parkplätze im Parkhaus Oberstadt | Tipp Etwas unterhalb des Schlosses, auf dem sogenannten Alten Markt, steht seit 700 Jahren das Truber-Haus, das älteste Wohnhaus Burgdorfs, das einst zum Kloster Trub gehörte (siehe Ort 99).

11 Der Eisenbahntunnel

Ein Bauwerk findet Eingang in die Literatur

Fast hätte Burgdorf seinerzeit den direkten Anschluss an das nationale Eisenbahnnetz verpasst: Wie heute die A1 oder die Bahn 2000 hätte die Bahnlinie Bern–Zürich ursprünglich den kürzeren Weg über Kirchberg nehmen sollen. In Burgdorf erkannte man aber rechtzeitig die Wichtigkeit eines Bahnanschlusses und setzte sich vehement für eine Haltestelle ein. Die Bahngesellschaft ging schliesslich auf das Begehren ein. Da der Umweg über Burgdorf aber den Bau eines in den Plänen nicht vorgesehenen Tunnels nötig machte, musste sich die Stadt verpflichten, die Bau- und Landerwerbskosten für den Tunnel selbst zu tragen und zudem auch noch Aktien der Bahngesellschaft zu kaufen.

Im Mai 1857 war es so weit, die lang erwartete Jungfernfahrt fand statt, und gemäss der «Berner Zeitung» wurde der erste Eisenbahnzug in Burgdorf freudig begrüsst: «Gegen 10 Uhr hörte man den Dampf, welcher von nun an unsere Gegend beleben soll, vor dem Tunnel entsetzlich pfeifen und wüten. Das gab eine Bewegung! Die ganze Stadt lief zum Bahnhof und zur Kirche, die Augen gespannt auf den finsteren, unterirdischen Gang gerichtet, der das dampfende Ungeheuer ans Tageslicht bringen sollte.»

Der Tunnel ist zwar nur 510 Meter lang, weil er aber einer der ersten Eisenbahntunnel der Schweiz war, hatte der «finstere, unterirdische Gang» für einige Bahnreisende offenbar etwas Unheimliches. Die Dichterin Maria Waser aus Herzogenbuchsee schreibt in «Sinnbild des Lebens» über ihre erste Zugfahrt durch den Tunnel vom «Grusel des Burgdorfer Tunnels». Und in einer Erzählung von Friedrich Dürrenmatt verlässt der Eisenbahnzug den Tunnel gar nicht mehr: Der Zug wird immer schneller, um «in fürchterlichem Sturz dem Innern der Erde entgegenzurasen». Auf die verzweifelte Frage des Zugführers, was man denn tun solle, antwortet die Hauptperson, ein 24-jähriger, eher phlegmatischer Student: «Nichts.«

Adresse Tunnelweg, 3400 Burgdorf; Betreten des Tunnels streng verboten | ÖV ab Bahnhof Burgdorf Bus 463 bis Haltestelle Lorraine, anschliessend drei Minuten zu Fuss | Tipp Empfehlenswert ist ein Spaziergang über den sogenannten Schattenweg zum nahe gelegenen Restaurant Sommerhaus, einem ehemaligen Bad aus dem 17. Jahrhundert. Von seiner Terrasse aus bietet sich ein schöner Blick auf Burgdorf.

12 Die Gasthausbrauerei

Die Konkurrenz zum Weinkonsum

Bier ist seit Jahrtausenden bekannt, in unseren Gegenden wurde früher jedoch vorwiegend Wein getrunken. Das nicht zuletzt wegen der Obrigkeit, die sich gegen das Bierbrauen stellte, weil man einen schädlichen Einfluss auf den Weinkonsum und damit einen Rückgang der Steuereinnahmen befürchtete. So gab es 1768 im Gebiet des heutigen Kantons Bern nur sechs Brauereien. Das änderte sich gründlich: 100 Jahre später, 1885, waren es bereits 530! Inzwischen hatte die Reblaus dem Weinbau schwere Probleme verursacht, und ausserdem machte nun die Erfindung von Kältemaschinen den Bierkonsum von Jahreszeit und Standort unabhängig.

In Burgdorf wurde 1730 erstmals Bier gebraut, am Schlossgässli. Die Brauerei zügelte 1902 in die Lorraine, musste aber 1919 aufgeben. 1800 war eine zweite Bierbrauerei neben dem Lochbachbad gegründet worden. Sie stellte ihren Betrieb ebenfalls 1919 ein. Als dritte und modernst ausgerüstete Brauerei folgte 1871 die Brauerei Steinhof. Ihr Investor hatte sich jedoch finanziell übernommen, 1896 mussten die Aktionäre die Auflösung der AG beschliessen. Bis 1921 wurde im Steinhof unter dem neuen Namen «Löwenbräu Burgdorf-Steinhof» weiter Bier gebraut, dann war auch hier Schluss. Nicht nur Burgdorfs Brauereien hatten Probleme: 1939 existierten im Kanton Bern nur noch 59 Brauereien, fast 90 Prozent weniger als 50 Jahre zuvor!

Erst 1999 wurde das Bierbrauen in Burgdorf wieder aufgenommen, und das qualitativ und quantitativ äusserst erfolgreich: Die Burgdorfer Gasthausbrauerei AG steigerte ihre Produktion von anfangs 1.500 auf zuletzt 7.000 Hektoliter pro Jahr, und ihre Biere gewannen mehrere internationale Preise. Sie ist bereits die viertgrösste Brauerei im Kanton Bern. Gebraut wird seit 2012 vor allem im schönen, 1770 als obrigkeitliches Kornmagazin erstellten Kornhaus. Ausserdem auch im Restaurant Schützenhaus, wo der Betrieb der Gasthausbrauerei seinen Anfang genommen hat.

Adresse Kornhausgasse 16, 3400 Burgdorf | ÖV ab Bahnhof Burgdorf fünf Minuten zu Fuss | Öffnungszeiten Infos zu Führungen unter Tel. 034/4231364 oder www.burgdorferbier.ch | Tipp Seit 2012 braut in Burgdorf auch die Brauerei Blackwell AG Biere. Sie können von Donnerstag bis Samstag im Bierkeller an der Mühlegasse 10 degustiert werden (www.blackwellbrewery.ch).

13 Die Gisnauflüe

Fels ist nicht immer felsenfest

Zusammen mit dem Schloss und der Kirche prägen die vier Sandsteinfelsen, hier Flüe genannt, das Stadtbild von Burgdorf. Sie tragen aber nicht nur zur Verschönerung des Stadtbildes bei, sondern wurden bis Ende des 19. Jahrhunderts auch als Steinbrüche genutzt. Vor allem nach den verschiedenen Stadtbränden war der Bedarf nach nahem und schnell verfügbarem Baumaterial gross. Bei der ersten und der zweiten Fluh sind heute noch insgesamt vier Abbaustellen sichtbar.

Bis heute kommt es immer wieder vor, dass sich die Flüe quasi selbst «abbauen»: Die erste Fluh hatte früher eine grosse Felsnase, die 1724 abbrach. Dabei wurde die Strasse nach Wynigen überdeckt und sogar ein Teil der Holzbrücke über die Emme zerstört. Es dauerte ein Jahr, bis die Strasse wieder freigeräumt war. Zwei grössere Felsblöcke aus früheren Abbrüchen sind heute noch zu sehen und werden im Volksmund «Hochzeitsfelsen» und «Kleines Matterhorn» genannt. Den Kindern erzählt man, dass unter einem der Felsen eine ganze Hochzeitsgesellschaft begraben sei. Manchmal waren aber wirklich Opfer zu beklagen. Wie der Chronist Aeschlimann berichtet, wurden 1716 zwei Steinarbeiter von einer Steinlawine überrascht. Der eine sei sofort tot gewesen, dem andern seien beide Schenkel vom Leib gerissen worden, und man habe diese erst drei Monate später mit den Strümpfen unter dem Gestein wiedergefunden. Im Spital habe der Arbeiter noch anderthalb Stunden gelebt.

Auch die städtische 300-Meter-Schiessanlage wurde Opfer eines Felssturzes: Aus Sicherheitsgründen durfte die Scheibenanlage ab 1973 nicht mehr betrieben werden. Bereits 1907 war der frühere Scheibenstand aufgehoben worden. Die 20 Scheibenfenster, die in die zweite Fluh gehauen wurden, existieren heute noch. Geschossen wurde damals aus einem Anbau des bezeichnenderweise immer noch so genannten Restaurants Schützenhaus.

Adresse Wynigenstrasse, 3400 Burgdorf | **ÖV** ab Bahnhof Burgdorf Bus 463 bis Haltestelle Schützenhaus | **Tipp** Auf dem Weg zu den Flüen passiert man die Innere Wynigenbrücke von 1776. Eine Besichtigung der prachtvollen spätbarocken Holzbrücke lohnt sich auf jeden Fall.

14 Die Guckkastenbühne

Es kamen «grossstädtische Gefühle» auf

Es soll schon vorgekommen sein, dass Glücksspielsuchende erst unmittelbar vor dem Casino erkannten, dass hier nicht um Geld, sondern Theater gespielt wird. Immerhin konnte man 1874, als das Theater eröffnet wurde, im Parterre noch an zwei Tischen Billard spielen. Daneben beherbergte das Gebäude damals ein Restaurant und einen Lesesaal mit 30 verschiedenen Zeitungen und Zeitschriften. Das Haus war von seinen Initianten nämlich auch als «Gesellschaftshaus» angedacht gewesen.

Bei der Eröffnung des Theaters sollen gemäss der Lokalzeitung «grossstädtische Gefühle» aufgekommen sein, der Besuch von Theater und Gesellschaftsräumen blieb aber in der Folge unter den Erwartungen, und die Gründungs-AG musste bereits 1882 liquidiert werden. Als Retter in der Not sprangen zunächst einige Privatpersonen und 1887 der Gesangsverein «Liederkranz» ein. Er erwarb die Liegenschaft von einer Privatperson, die sie im Jahr zuvor erstanden hatte, um zu verhindern, dass sie an eine Freikirche gehen und so der Öffentlichkeit entzogen würde.

Aber auch der Liederkranz hatte ein Fass mit löchrigem Boden erworben, und er musste bis 1930 immer wieder Geld einschiessen. In diesem Jahr wurde die Gründung einer AG beschlossen, das Theater ausgehöhlt, praktisch neu gebaut und 1931 wiedereröffnet.

Ein weiterer grundlegender Umbau erfolgte 2019/20, und seither erstrahlt das einzige Kammerspieltheater im Emmental wieder in neuem Glanz. Allerdings ohne das frühere Restaurant, das nun auf eine Bar reduziert wurde. Dafür ist das Theater bühnentechnisch auf dem neuesten Stand, wie vor dem Umbau finden Theater- und Opernaufführungen statt, und es wird Kleinkunst geboten. Bei den Auftretenden ist die Guckkastenbühne wegen ihrer Akustik und ihrer Intimität äusserst beliebt. Für interessierte Gruppen ist auf Anfrage auch ein Blick hinter die Kulissen des Theaters möglich.

Adresse Kirchbühl 14, 3400 Burgdorf, www.theaterburgdorf.ch | ÖV ab Bahnhof Burgdorf Bus 461 bis Haltestelle Kronenplatz, anschliessend zwei Minuten zu Fuss | Öffnungszeiten nur bei Vorstellungen und Führungen zugänglich, Infos und Buchung unter Tel. 034/4224000 | Tipp Sehr empfehlenswert ist ein Besuch der nur zwei Gehminuten entfernten reformierten Stadtkirche aus dem 15. Jahrhundert. Sie beherbergt den kostbarsten spätgotischen Lettner der Schweiz.

15 Die Hühnersuppe

Eine Belohnung für die Burgdorfer Amazonen

Sie fallen auf, die Malereien an der Liegenschaft Hohengasse 4 am Kronenplatz, dem ideellen Zentrum der Altstadt: Zwei vornehm gekleidete Männer schleppen Tranksame an, ein Koch trägt einen dampfenden Teller herbei, und einige um einen Tisch sitzende Frauen lassen es sich offensichtlich gut gehen. Voller Neid blickt ein männlicher Zuschauer von oben dem Treiben zu. Verkehrte Welt? Die Männer chrampfen und die Frauen chillen?

Genau so ist es gemeint: Die Hühnersuppe, die hier dargestellt ist, soll ein Dank der Burgdorfer Männer an ihre Frauen sein. Dieser Dank geht auf ein Ereignis zurück, das sich 1388 zugetragen haben soll. Raubsüchtiges Gesindel aus dem Aargau unternahm einen nächtlichen Streifzug gegen Burgdorf. Die Burgdorfer Männer traten ihnen mit tatkräftigster Unterstützung der ebenfalls bewaffneten Frauen entgegen. Die Feinde wurden von panischem Schrecken ergriffen und flohen gen Bickigen. 25 Mann sollen gemäss dem Chronisten getötet und 50 gefangen genommen worden sein.

Die Hühnersuppe wurde ab diesem Zeitpunkt von der Schultheissin jeweils am Bärzelistag, dem 2. Januar, auf dem Schloss zubereitet und in riesigen Schüsseln in die Stadt hinunter zu den Frauen getragen.

350 Jahre konnten sich die Frauen an der Hühnersuppe erfreuen, 1737 wollte ein etwas knausriger Schultheiss den Brauch aber nicht weiterführen, mit der streng juristischen Begründung, die Frauen hätten keinen schriftlich festgehaltenen Rechtsanspruch. Die Beschwerde der Frauen an die bernische Obrigkeit hatte Erfolg, und der Brauch wurde bis 1798 weitergeführt, aber: «Als ein schweres Ungewitter erschien die Französische Revolution für die Hühnersuppe der edlen Frauen von Burgdorf», wie ein Chronist feststellen musste.

In den letzten Jahren lebte der Brauch wieder auf. Nun gibt es die Hühnersuppe allerdings nicht mehr gratis, und die Männer sind auch nicht mehr nur neidische Zuschauer.

Adresse Hohengasse 4, 3400 Burgdorf | **ÖV** ab Bahnhof Burgdorf Bus 461 bis Haltestelle Kronenplatz | **Tipp** Die Hühnersuppe wurde in den letzten Jahrzehnten immer vom gediegenen und geschichtsträchtigen Restaurant/Hotel Stadthaus zubereitet. Dort kann man aber viel mehr als nur Suppen geniessen, es gilt als Feinschmeckerlokal (Kirchbühl 2).

16 Das Klötzli-Museum

Als man noch Rasiermesser schliff

Das 175-jährige Geschäftsjubiläum im Jahre 2021 war für die Klötzli Messerschmiede der Anlass, ihre Firmen- und Familiengeschichte und die Geschichte der Schneide- und anderer Werkzeuge in einem eigenen Museum vorzustellen. Und man staunt, was es früher alles gab: Federkielmesser, Sardinenbüchsenscheren, Flieten (Aderlass-Messer), Zuckerstockscheren, Dochtscheren, Champagnerdrahtscheren, Redaktorenscheren. Sie alle und viele weitere Objekte werden im Museum attraktiv präsentiert und zeigen, wie sich die Welt in den letzten 177 Jahren verändert hat. So sind etwa Rasiermesser, die früher in jedem Haushalt zu finden waren, praktisch ganz verschwunden. Seniorchef H. P. Klötzli erzählt, dass einst an den Markttagen Besucher die Rasiermesser am Morgen zum Schleifen vorbeibrachten und am Abend wieder abholten. Am Rekordtag habe man 120 Rasiermesser geschliffen. Wo sie seinerzeit hergestellt wurden, ist im Museum in der alten Werkstatt zu sehen.

Die industrielle Produktion hat das Handwerk zu einem guten Teil abgelöst, die Zahl der Messerschmiede mit eigener Werkstatt hat sich deshalb in den letzten 100 Jahren um mehr als 90 Prozent reduziert. Die Zukunft der Klötzli-Werkstatt, der beiden Läden in Burgdorf und Bern und der rund 20 Angestellten ist aber gesichert: 2020 hat mit den Geschwistern Nina und Samuel Klötzli die sechste Generation das Geschäft übernommen. Nina hat als erste Frau in der Familie und als eine der ganz wenigen Frauen überhaupt die Lehre zur Messerschmiedin absolviert.

Als produzierender Messerschmied, der überleben will, muss man innovativ sein. So hat H. P. Klötzli mit der Produktion von High-End-Klappmessern angefangen. Eines dieser Messer mit einer Karbonschale hat in den USA den Preis als «Best imported knife of the year» gewonnen.

Ein typisch emmentalisches Werkzeug wird aber seit 177 Jahren bei Klötzlis unverändert hergestellt: der Käsebohrer.

Adresse Museum: Mühlegasse 6, 3400 Burgdorf; Laden: Hohengasse 3, 3400 Burgdorf | ÖV ab Bahnhof Burgdorf Bus 461 bis Haltestelle Mühlegasse bzw. Kronenplatz (Laden) | Öffnungszeiten Infos zu Museumsführungen und Ladenöffnungszeiten unter www.klotzli.com | Tipp Viele Handwerker waren früher auf die Wasserkraft angewiesen. Das ausgedehnte Burgdorfer Gewerbekanäle-Netz kann auf einer Gewerbekanäle-Tour erkundet werden (www.perlenkette-emme.ch).

17 Das Pestalozzischulhaus

Burgdorf als schulischer Wallfahrtsort

Burgdorf bezeichnet sich selbst gern als «Schulstadt» – und das mit einigem Recht, verfügt es doch neben den üblichen Grundschulen über ein Gymnasium, eine Berufsschule und eine höhere Fachschule. Mit einem gewissen Stolz darf Burgdorf auch auf seine schulische Vergangenheit zurückblicken, denn im Jahre 1800 konnte Heinrich Pestalozzi (1746–1827) dank der Unterstützung durch Burgdorfer Bürger auf dem Schloss sein eigenes Institut eröffnen. Vorher hatte er an der Kornhausgasse 7 an der städtischen Schule unterrichtet. Pestalozzi wollte weg vom damaligen Drill in der Schule und dem blossen Auswendiglernen von Schriften meist religiösen Inhalts. Die Erziehung der Zöglinge sollte von Liebe getragen sein. Bekannt ist seine Losung, wonach die Schule Kopf, Herz und Hand fördern solle. Sein Institut wurde zu einem Wallfahrtsort. Ein Besucher stellte 1802 fest, dass es keinen Tag gebe, an dem das Schloss nicht voll von Fremden aus allen möglichen Ländern sei. Berühmt gemacht hatten ihn seine Bücher «Lienhard und Gertrud» und «Wie Gertrud ihre Kinder erzieht».

In Burgdorf tätig war auch ein Schüler Pestalozzis, Friedrich Fröbel (1782–1852), der aus Deutschland gekommen war. Er vertrat die Meinung, dass die Kinder im vorschulpflichtigen Alter das meiste und das Wesentlichste lernen würden. In dieser Zeit dürfe man deshalb nichts dem Zufall überlassen, man müsse die Kinder zusammenführen und mit bildenden Spielen beschäftigen. Fröbel ist der Begründer des Kindergartens.

Ebenfalls aus Deutschland stammte Adolf Spiess (1810–1858). Er gilt als Begründer des Schulturnens, insbesondere auch für Mädchen, und hat von 1833 bis 1848 in Burgdorf als Lehrer gearbeitet.

Burgdorf ehrt Pestalozzi mit dem Pestalozzischulhaus, der Pestalozzistrasse und zwei Gedenktafeln, an Fröbel erinnert der Fröbelweg. Spiess wartet dagegen noch auf eine entsprechende Ehrung.

Adresse Sägegasse 15, 3400 Burgdorf | **ÖV** ab Bahnhof Burgdorf Bus 462, 465 oder 468 bis Haltestelle Hallenbad | **Tipp** Die Gedenktafeln für Pestalozzi sind an der Kornhausgasse 7 und auf dem Schloss zu finden. Im Schlossmuseum erhält man zusätzliche Informationen zur Schulstadt Burgdorf.

18 Der Prominentenfriedhof

In Burgdorf entsteht eine «Nationalhymne»

Wenige Friedhofsbesucher dürften wissen, warum der Gedenkstein eines Max Schneckenburger neben den Grabsteinen der «Prominenz» steht. Allenfalls kommt einem vielleicht der Refrain von Schneckenburgers Lied «Die Wacht am Rhein» (Lieb Vaterland, magst ruhig sein) bekannt vor, welch grosse Bedeutung das Lied einst hatte, wird aber kaum einer wissen.

Geboren wurde Max Schneckenburger 1819 im württembergischen Thalheim. Wie viele deutsche Liberale floh er 1838 aus politischen Gründen in die Schweiz und landete wie andere Landsleute in der damaligen liberalen Hochburg Burgdorf. In Oberburg führte er zusammen mit Johann Ludwig Schnell die Eisengiesserei Schnell & Schneckenburger (heute Nottaris & Cie AG). Als 1840 die Gefahr bestand, dass Frankreich den Rhein überschreitet, dichtete er seine «Wacht am Rhein». Sie stiess nicht nur in seinem Burgdorfer Kollegenkreis im Stadthaus, unter ihnen Adolf Spiess (siehe Ort 17), auf Begeisterung, sondern vor allem im politisch aufgeheizten Deutschland.

Schneckenburger starb bereits 1849, sein Lied gelangte aber 1870/71 während des Deutsch-Französischen Kriegs zu einer noch grösseren Bedeutung und wurde quasi zur deutschen Nationalhymne. Das honorierte nach dem gewonnenen Krieg gegen Frankreich auch das Reichskanzleramt: Es sprach der Witwe und den beiden Kindern von Schneckenberger 22 Jahre nach dessen Tod (!) eine jährliche Pension von 3.000 Mark zu. Später machten die Nazis vom Lied Gebrauch, die Ardennenoffensive fand unter dem Decknamen «Die Wacht am Rhein» statt. Und auch im Film stösst man verschiedentlich auf das Lied, zum Beispiel in «Casablanca», wo deutsche Soldaten es in «Rick's Café» anstimmen, dann aber von der «Marseillaise» der übrigen Anwesenden übertönt werden.

Beerdigt wurde Schneckenburger in Burgdorf, 1886 aber exhumiert und in seine deutsche Heimatgemeinde überführt.

Adresse Friedhof 2, 3400 Burgdorf | ÖV ab Bahnhof Burgdorf Bus 461 bis Haltestelle Friedhof | Öffnungszeiten Mo–Fr 7–21 Uhr, Sa, So 8–21 Uhr | Tipp Die Liegenschaft Kirchbühl 7 – Schneckenburgers ehemaliges Wohnhaus, wo eine Gedenktafel an ihn erinnert – besucht man heute nicht nur wegen dieser Tafel, sondern vor allem wegen der Confiserie Widmer, deren Patisserie und Pralinen weitherum bekannt sind. Ihr Lokal soll zu den 50 schönsten Tearooms der Schweiz gehören.

19 Das Restaurant Bahnhof

Das Emmental in einer Pionierrolle

Für Auswärtige mag es etwas überraschend sein: Das Restaurant beim Bahnhof Oberburg steht – in Widerspruch zu seinem Namen – auf Burgdorfer Boden. Dazu kam es, weil Burgdorf und Hasle den Emmenschachen 1704 nach Streitigkeiten mit Oberburg kurzerhand unter sich aufteilten und Oberburg damit von der Emme abschnitten. Und weiter sei gleich klargestellt, dass im hübschen Restaurant Bahnhof nicht mehr eingekehrt werden kann. Es ist seit 2015 im Besitz des Künstlers Luciano Andreani, der es als Atelier und Wohnhaus nutzt.

Erstellt wurde das denkmalgeschützte Haus 1879 im Hinblick darauf, dass in Kürze die Emmentalbahn nach Langnau eröffnet werden würde und das Restaurant dann gleich gegenüber dem Bahnhof Oberburg läge. Am 11. Mai 1881 war es so weit: Im ganzen Emmental wurde die Jungfernfahrt der ersten Dampflokomotive gefeiert. Einzig im Nachbardorf Hasle, wo der Standort des Bahnhofs heftig umstritten war, feierte ein unterlegener Gemeindebürger nicht mit. Am Tag der Eröffnung der Bahnlinie hängte er aus Ärger und Enttäuschung eine schwarze Fahne vor sein Haus.

1899 gab es eine weitere Jungfernfahrt. In diesem Jahr wurde die Burgdorf-Thun-Bahn eröffnet, die erste elektrische Vollbahn in ganz Europa! Dabei waren einige Widerstände zu überwinden, hiess es doch, eine elektrisch betriebene Bahn garantiere nicht die gleiche Betriebssicherheit wie eine Dampfbahn. Es gibt Tage, an denen der Bahnreisende für diese Bedenken ein gewisses Verständnis aufbringen wird …

Die Elektrifizierung der Bahn erschien einem technischen Museum in München als so bedeutend, dass es sich darum bemühte, die erste elektrische Lokomotive zu sich zu holen. Dem Wunsch kam man 1934 nach. Zehn Jahre später wurde die Lokomotive bei einem Bombenangriff schwer beschädigt, konnte aber mit einigem Aufwand wiederhergestellt werden und ist immer noch zu besichtigen.

Adresse Bahnhofstrasse 3, 3414 Oberburg | ÖV ab Bahnhof Burgdorf mit der S4 bis Bahnhof Oberburg | Tipp Die Emmentalbahn bietet jedes Jahr einige Nostalgiefahrten mit der Dampfbahn und auch mit einem historischen Schnauzenpostauto an. Der Fahrplan ist auf der Website der Genossenschaft Museumsbahn Emmental zu finden (www.emmentalbahn.ch).

20 Das Schlosshotel

Nachts (auch) im Museum

Ernsthaft Sorgen machte man sich in Burgdorf, als 2006 klar wurde, dass Gericht, Statthalteramt und Gefängnis aus dem Schloss ausziehen würden: Wie sollte es in Zukunft genutzt werden? Aus einem Ideenwettbewerb ging der Vorschlag hervor, neben dem bereits im Schloss untergebrachten Museum eine Jugendherberge einzurichten.

Jugendherbergen werden normalerweise nur in bekannten Reisedestinationen etabliert, und es waren deshalb gute Argumente nötig, um die anfänglichen Bedenken seitens der Schweizer Jugendherbergen zu zerstreuen. Die besondere Lage und Architektur des Schlosses sowie seine historische Bedeutung waren eines dieser Argumente. Zudem stellte man fest, dass den Reisenden in Burgdorf und im Emmental zahlreiche interessante touristische Angebote zur Verfügung stehen. Und schliesslich erkannte man die Zusammenarbeit mit dem ganz neu gestalteten, attraktiven Museum als Mehrwert. Übernachtungsgästen kann ein Gratiseintritt ins Museum angeboten werden, umgekehrt bringt das Museum der Jugendherberge und seinem Restaurant Kundschaft. Das Museum ist auch in den Hotelzimmern präsent: Jedes der individuell ausgestatteten Zimmer widmet sich einem Thema und macht durch Ausstellungsstücke aus dem Museum die Geschichte des Schlosses und der Region erlebbar. Und wer im Schloss übernachtet, kann nachts durch Teile des Museums wandeln.

Dieses Konzept und seine herausragende architektonische Umsetzung überzeugten auch die Jury, die jedes Jahr die Auszeichnung «Das historische Hotel/Restaurant des Jahres» vergibt: Sie hat die Jugendherberge auf Schloss Burgdorf 2022 mit einem Spezialpreis geehrt.

Das Restaurant der Jugendherberge wurde am Standort der ehemaligen Gefängniszellen eingerichtet. Waren diese Zellen früher einmal alle unbesetzt, wurde auf dem Schloss eine weisse Fahne gehisst. In Burgdorf kann man sich nicht erinnern, wann dies zuletzt der Fall war …

Adresse Schlossgässli 1, 3400 Burgdorf | ÖV ab Bahnhof Burgdorf Bus 461 bis Haltestelle Kronenplatz | Anfahrt Parkplätze im Parkhaus Oberstadt | Öffnungszeiten Infos unter www.youthhostel.ch/burgdorf | Tipp Vom Schloss blickt man auf das Burgdorfer Schwimmbad hinab. Die klassische «Badanstalt» aus dem Jahre 1929 ist denkmalgeschützt und einen Besuch wert.

21 Das Siechenhaus

Social Distancing in früheren Zeiten

Dass der einzige Schutz vor dem Aussatz, der Lepra, die Absonderung der Erkrankten ist, war schon zu Zeiten des Alten Testaments bekannt. Im Mittelalter wurde deshalb bestimmt, dass Aussätzige ausserhalb der Ortschaften in eigenen Gebäuden, den sogenannten Siechenhäusern, unterzubringen sind. Um Aussätzige sofort erkennen zu können, mussten sie ein besonderes Gewand tragen und erhielten ein Lärminstrument, mit dem sie auf sich aufmerksam machen oder «Gesunde» warnen sollten.

Die Siechenhäuser wurden zwar ausserhalb der Stadt, aber immer an intensiv frequentierten Verkehrsachsen erstellt. Die Aussätzigen hatten das Bettelrecht, und in einem Opferstock konnten die Vorbeiziehenden mildtätige Gaben deponieren, wovon sie im Interesse des eigenen Seelenheils auch regelmässig Gebrauch machten. In der Schweiz soll es mehr als 200 Siechenhäuser gegeben haben, heute existiert nur noch ein einziges, dasjenige in Burgdorf. Eine zusätzliche Bedeutung erhält es, weil auch die zugehörige Kapelle immer noch besteht und ein Friedhof nachgewiesen ist.

Ein kirchliches Konzil hatte bereits 1179 festgelegt, dass den Aussätzigen eine eigene Kirche, ein Gottesdienst und ein Friedhof zustehe. Burgdorf liess sich offenbar etwas Zeit, um den Forderungen des Konzils nachzukommen, ein Burgdorfer Siechenhaus ist erst seit 1316 nachgewiesen. In Betrieb waren Siechenhaus und Kapelle bis zum Franzoseneinfall 1798. Ab diesem Zeitpunkt wurden die Leprosen im sogenannten Niederen Spital untergebracht, das heute das Museum von Bernhard Luginbühl beherbergt (siehe Ort 46). Siechenhaus und Kapelle standen anschliessend längere Zeit leer, gingen in private Hände über und wurden teilweise als Abstellräume genutzt, bis die Burgergemeinde sie übernahm und sorgfältig restaurierte. Heute werden sie gern für Hochzeiten oder andere freudige Ereignisse genutzt, wohl meistens ohne sich der ursprünglichen, wenig festlichen Nutzung bewusst zu sein.

Adresse Kapellenweg 5, 3400 Burgdorf | ÖV ab Bahnhof Burgdorf Bus 463 bis Haltestelle Lorraine, anschliessend drei Minuten zu Fuss | Anfahrt ab Rösslikreisel dem Wegweiser Wynigen/Langenthal folgen, beschränkte Parkmöglichkeiten | Tipp Für den monatlichen Gottesdienst war ab circa 1703 der Pfarrer von Heimiswil verantwortlich. Sein Weg vom hübschen Dorf Heimiswil über den Berg zur Siechenkapelle kann heute noch begangen werden und ist als «Pfaffenweg» bekannt.

22 Die Spanische Weinhalle

Ein Restaurant verbindet Kultur und Kulturen

Der alte Name ist geblieben, gegessen wird in der Spanischen Weinhalle aber bereits seit Jahrzehnten nicht mehr spanisch, vielmehr werden die Bioprodukte aus dem Emmental nun seit 2019 orientalisch zubereitet, und das auf einem hohen kulinarischen Niveau. Nicht erstaunlich bei diesem Küchenchef.

Hoshank Hirrle, der 2015 als kurdischer Flüchtling aus Syrien in die Schweiz kam, hatte fünf Jahre lang eine Hotelmanagement-Ausbildung absolviert und anschliessend den Master als Koch gemacht. Nach Ausbildungsabschluss war er für eine britisch-amerikanische Firma in verschiedenen arabischen Ländern in Hotels der höheren Preisklasse in Managementfunktionen tätig. In der Schweiz erkannte man seine Fähigkeiten als Koch schnell, zuerst bei der Kirchgemeinde Paulus in Bern, wo er das Weihnachtsessen zubereiten durfte. Seine Kochkünste sprachen sich herum, und mehrmals durfte er auf Einladung von Alt-Bundesrätin Simonetta Sommaruga sogar den Gesamtbundesrat bekochen.

Nach einigen Jahren als Caterer im Raum Bern übernahm er 2019 zusammen mit seiner Ehefrau Corinna Hirrle die Spanische Weinhalle in Burgdorf. Corinna kommt nicht aus dem Gastgewerbe, sie hat Theaterwissenschaft und Italienisch studiert und war anschliessend in verschiedenen kulturellen Institutionen tätig, darunter mehrere Jahre bei den Bühnen Bern. Im stimmungsvollen Weinkeller des Restaurants präsentiert die kulturaffine Corinna nun ein selbst zusammengestelltes Kulturprogramm und versucht dabei – wie im Restaurant – Kulturen zusammenzuführen. Getauft wurde das Projekt auf den Namen «ReichAnKultur». Ausserdem widmet sich Corinna als Absolventin der Académie du Vin einer ihrer weiteren Leidenschaften, dem Wein.

Hoshank hat seine Vergangenheit als Flüchtling nicht vergessen, er beschäftigt in der Küche neben drei Schweizern auch fünf Flüchtlinge, wobei zwei von ihnen eine Lehre absolvieren.

Adresse Schmiedengasse 1, 3400 Burgdorf, www.gourmetkitchen.ch, www.reichankultur.ch | ÖV ab Bahnhof Burgdorf Bus 461 bis Haltestelle Kronenplatz | Öffnungszeiten Mo–Fr 11–14 und 17–22 Uhr, Sa 10–15 und 17–22 Uhr | Tipp Kultur findet sich auch einige Häuser weiter an der Schmiedengasse 23: An ihrem früheren Wohnhaus erinnert eine Gedenktafel an die seinerzeit weltbekannte Opernsängerin Lisa Della Casa, die unter anderem Mitglied der Wiener Staatsoper und der Metropolitan Opera in New York war.

23 Die Stiftung HAM

Armeefahrzeuge als Teil der Industriegeschichte

Der Absturz einer Dakota C-53 mit zwölf amerikanischen Passagieren auf dem Gauligletscher führte im November 1946 zu einer der grössten alpinen Rettungsaktionen. Diese erste fliegerische Gebirgsrettung mit dem Fieseler Fi 156 «Storch» war international eine Sensation, und die Beziehungen der USA zur Schweiz, die nach dem Krieg auf einem Tiefpunkt gewesen waren, verbesserten sich schlagartig. Aus Dankbarkeit schenkten die USA der Schweiz unter anderem einen M29 Weasel, auch Snow-Cat genannt, ein für den Wintereinsatz in schwierigem Gelände vorgesehenes Raupenfahrzeug. Mit ihm waren 150 amerikanische Soldaten in die Schweiz gekommen, um bei der Rettung ihrer Landsleute mitzuhelfen. Sie mussten aber einsehen, dass mit diesem Fahrzeug hier nichts auszurichten war. Es ist heute mit 657 anderen militärischen Fahrzeugen – etwa mit dem ersten Pferdefuhrwerk von 1856, dem ältesten Motorfahrzeug von 1916 und zahlreichen ausgemusterten Panzern – in zwei grossen Hallen im AMP Burgdorf zu besichtigen.

Man staunt über die Vielfalt der Transportmittel, die die Armee in Gebrauch hatte, so Brieftaubenanhänger, fahrbare Feldbäckereien und Feldmühlen, Flächenräumungsfahrzeuge für Flugpisten, Feldpostbürowagen, Sterilisations- und Blessiertenwagen. Zu sehen sind auch ausgediente Bundesratsfahrzeuge oder ein Abhorchfahrzeug, getarnt als Camper und zur Täuschung mit einer Radioattrappe versehen. Mit einer gewissen Wehmut stellt man dabei fest, wie viel die Schweiz früher selbst hergestellt hat. Die Objekte sind so auch Teil der Schweizer Industrie- und Handwerksgeschichte.

Alle Fahrzeuge sind Eigentum der Eidgenossenschaft und werden im Auftrag des VBS von der Stiftung Historisches Material der Schweizer Armee betreut. Waffen und Uniformen der Armee sind in Thun ausgestellt. Material der Luftwaffe ist in Dübendorf beziehungsweise Uster zu besichtigen.

Adresse Militärstrasse 12, 3400 Burgdorf | **ÖV** ab Bahnhof Burgdorf Bus 468 bis Haltestelle Ziegelei, anschliessend fünf Minuten zu Fuss | **Öffnungszeiten** Sammlung nur nach Voranmeldung unter Tel. 058/4684512 oder per E-Mail an info@stiftung-ham.ch zu besuchen | **Tipp** Um 1990 geriet ein unauffälliges, noch heute zu besichtigendes Gebäude südlich des Militärareals, gegenüber dem hübschen Lochbachbad, in die Schlagzeilen. Es war die Zentrale der P-26, einer streng geheimen militärischen Widerstandsorganisation, die bei einer Besetzung der Schweiz aktiv geworden wäre.

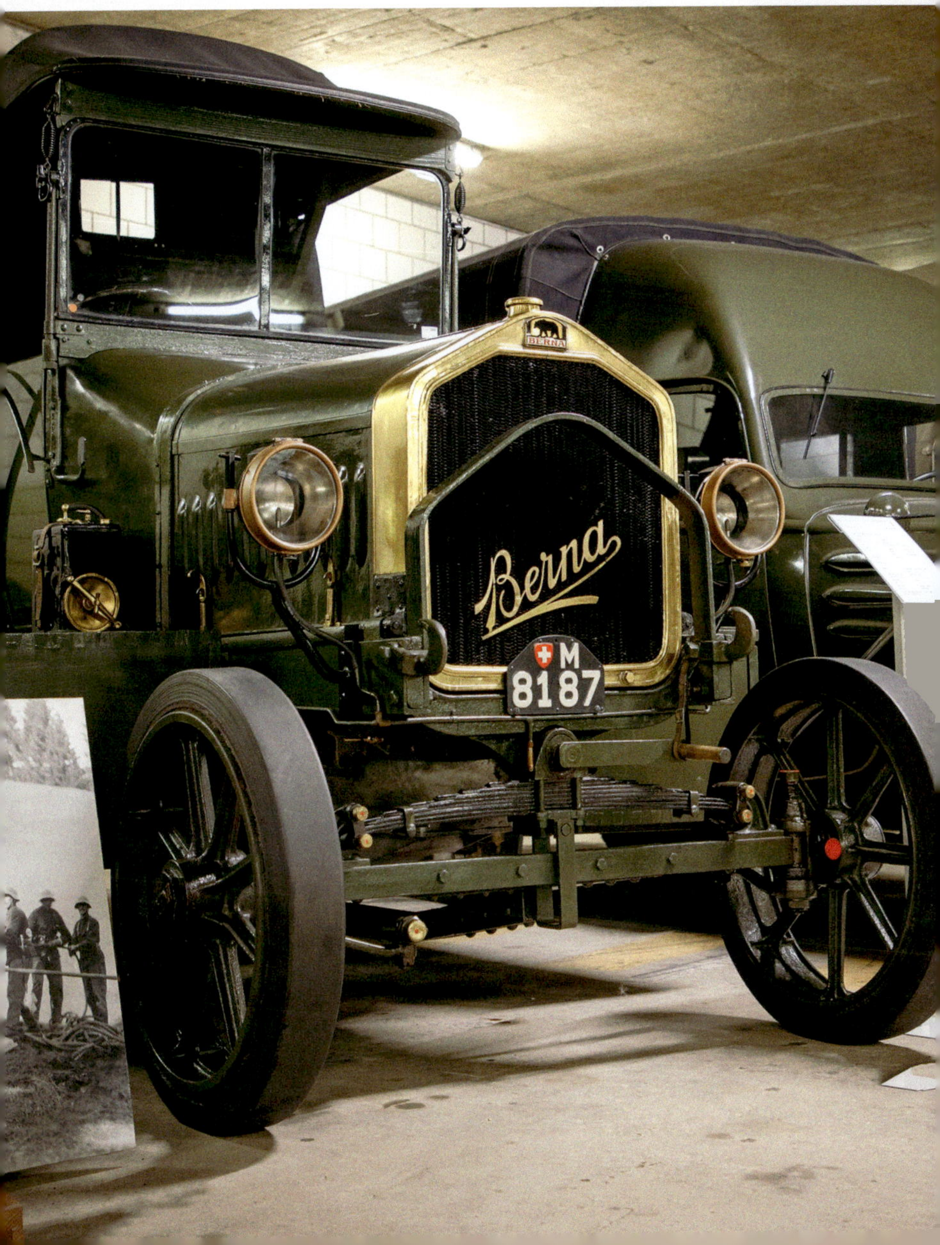

24 Die vier Jahreszeiten

Ein Künstler findet einen Mäzen

Dass ein Kunstliebhaber Bilder eines bestimmten Malers sammelt, kommt vor, dass er für diesen Maler aber gleich ein ganzes Museum errichtet, hat Seltenheitswert. Zu diesem ungewöhnlichen Schritt entschloss sich 1998 der Burgdorfer Industrielle Willy Michel: Er schrieb einen Architekturwettbewerb aus, der vom Langnauer Architekturbüro Jörg + Sturm gewonnen wurde, und 2002 konnte das Museum Franz Gertsch, damals bestehend aus drei Sichtbetonkuben, eröffnet werden. Den Grundstock der Sammlung bildete dabei die nach Willy Michel benannte Stiftung.

Gertsch, geboren 1930, wuchs im Seeland auf und widmete sich nach der Schulzeit ganz der Malerei und der Druckgrafik. Den internationalen Durchbruch schaffte er 1972 auf der documenta 5 in Kassel mit seinen fotorealistischen Gemälden, einer Malweise, der er viele Jahre lang treu blieb. Bekannt sind zum Beispiel seine Bilder von Patti Smith. 2007 begann er mit dem Zyklus «Die vier Jahreszeiten», vier monumentalen Gemälden, an denen er vier Jahre lang arbeitete. Nun galt es aber noch, einen Raum zu schaffen, in dem die vier Bilder zusammen ausgestellt werden konnten. Willy Michel öffnete noch einmal die Geldschatulle, und mit zusätzlicher Hilfe des Berner Lotteriefonds und der Stiftung Willy Michel wurde ein 300 Quadratmeter grosser Museumsanbau erstellt, in dem die vier Gemälde seit 2019 präsentiert werden. Dabei nimmt der Erweiterungsbau das Thema der Gemälde auch architektonisch auf: Eine der Aussenfassaden ist so gestaltet, dass sich die Jahreszeiten an bestimmten Tagen, zum Beispiel zur Sommer- oder Wintersonnenwende, an der Architektur ablesen lassen.

Da von Anfang an klar war, dass es monothematische Museen häufig schwer haben, finden im Museum Franz Gertsch regelmässig Wechselausstellungen statt, wobei man dabei den Dialog – oder auch Widerspruch – zum Werk von Franz Gertsch sucht. Er ist am 21. Dezember 2022 verstorben.

Adresse Platanenstrasse 3, 3400 Burgdorf | ÖV ab Bahnhof Burgdorf Bus 461 bis Haltestelle Mühlegasse | Öffnungszeiten Di–Fr 10–18 Uhr, Sa, So 10–17 Uhr | Tipp Dem Museum angeschlossen ist das stilvoll eingerichtete Artcafé, das über eine ruhige Terrasse verfügt und jedermann offensteht.

25 Die Villa Schmid

Die guten Zeiten der Leinenweberei

Neben dem Käse waren Leinentextilien über Jahrhunderte das wichtigste Exportgut des Emmentals. Steil nach oben ging es ab dem 18. Jahrhundert, als sich der damalige «Marktführer» St. Gallen neu der Baumwolle zuwandte und so beim Leinen eine Marktlücke entstand. Exportiert wurde in die ganze Welt, und das führte nicht nur bei Leinwandhändlern, sondern auch bei Spinnern und Webern zu einem Wohlstand, der damals Reisenden im Emmental auffiel.

Ein wichtiges Zentrum des Leinwandhandels war Burgdorf, wo in guten Zeiten acht Betriebe aus der Textilbranche ihren Sitz hatten. Gesponnen und gewoben wurde der Flachs im ganzen Emmental und im Oberaargau, zu einem guten Teil von Bauern, Bäuerinnen und sogar von ihren Knechten, vor allem in den Wintermonaten. Und offenbar sorgfältig. Auf jeden Fall gelangten die hier produzierten Leinwände im Ausland zu hohem Ansehen. Bekannt waren zum Beispiel die feinen Damast-Tischtücher, die über 50 Handweber in Oberburg herstellten, allerdings nicht mehr auf Bauernhöfen, sondern in einer Weberei.

Noch heute beherbergt Burgdorf eine Leinenweberei, die einzige in der Schweiz, die für Hotellerie, Gastronomie und das Gesundheitswesen Bett- und Tischwäsche herstellt, mit modernsten Jacquard-Webstühlen und in höchster Qualität. Die Schwob AG führt damit in der denkmalgeschützten Fabrikanlage eine Tradition weiter, die dort 1857 ihren Anfang nahm, als die Unternehmerfamilie Schmid ihren Geschäftssitz auf die Eröffnung der Bahnlinie Bern–Zürich hin (siehe Ort 11) von Eriswil nach Burgdorf verlegte.

Zu einer Fabrik gehörte damals eine Fabrikantenvilla, und die liess Familie Schmid 1868 nicht von irgendeinem Architekten planen, sondern vom bekannten Berner Architekten Horace Edouard Davinet, der unter anderem auch das Grandhotel Giessbach am Brienzersee erstellt hatte. Die Villa wird im Volksmund zu Recht «Schlössli» genannt.

Adresse Kirchbergstrasse 15, 3400 Burgdorf | **ÖV** direkt gegenüber dem Bahnhof Burgdorf | **Öffnungszeiten** nur von aussen zu besichtigen | **Tipp** Im benachbarten Fabrikladen der Schwob AG können die heutigen Erzeugnisse der Leinenweberei besichtigt und auch erstanden werden (www.schwob.swiss/).

26 Der Hirschen Oberwald

Heute sündigen hier nur noch Adam und Eva

Heimelige, gemütliche und manchmal etwas abgelegene Landgasthöfe gibt es recht viele im Emmental, aber nicht alle können auf eine mehr als 300-jährige Geschichte zurückblicken. Allerdings blieb der Gastwirtschaftsbetrieb hier wohl etwa 200 Jahre lang ganz in der Illegalität, und es traf sich dort auf jeden Fall auch «übles Volk zu Trunk und ausgelassenem Tun». 1789 versuchte der damalige Besitzer erfolglos, das Pintenschenkrecht zu erhalten. Zu schlecht war der Ruf des Hauses, und die abgelegene Lage hätte die Kontrolle und Überwachung des Wirtschaftsbetriebs allzu sehr erschwert. Erst ab 1880 durfte der Hirschen rechtmässig als Wirtschaft betrieben werden. Man könnte aber den Spruch in der Gaststube als Reminiszenz an die früher eher lockere Gesinnung deuten: «Wär gäng chli hüselet, het gäng e chli Gäut / Wär gäng chli süffelet, chunt luschtig dür d'Wäut.» Zu Deutsch: Wer immer etwas sparsam ist, hat immer etwas Geld, wer immer etwas trinkt, kommt lustig durch die Welt.

Das heutige Wirtschaftsgebäude wurde 1762 erstellt und ist für die bernische Denkmalpflege ein «hochbedeutender, alleinstehender Bau auf Lichtungsplateau». Es ist eines der frühesten Gebäude mit einem Kreuzfirst (zwei Hauptfassaden) und einer Ründi. Und was es weiter bedeutend macht, ist die reiche, qualitätsvolle Bemalung der Fassade. Sie zeigt biblische Motive wie den Sündenfall und den Verkauf Josefs, aber auch Landschaften. 1933 erfuhr der Heimatschutzverein Burgdorf, dass diese bemerkenswerten Malereien, die durch Wind und Wetter stark gelitten hatten, überstrichen werden sollten. Die damaligen Wirtsleute konnten glücklicherweise für eine Renovation gewonnen werden, die der im Emmental sehr aktive Walter Soom aus Heimiswil vornahm (siehe Orte 73 und 110). Und so kann das Werk des unbekannten Künstlers, der 1762 aus dem süddeutschen Raum angereist sein muss, noch heute bewundert werden.

Adresse Oberwald 72, 3465 Dürrenroth | Anfahrt ab Dorfstrasse Dürrenroth der Oberwaldstrasse folgen | Öffnungszeiten Mi–Fr 11–23 Uhr, Sa, So 9.30–23 Uhr | Tipp Im Emmental gibt es zahlreiche Möglichkeiten, Ferien auf dem Bauernhof zu verbringen, zum Beispiel im schönen Stöckli von Peter und Therese Nyffeler in Dürrenroth. Auf ihrem Hof werden Pferde noch in der Landwirtschaft eingesetzt (www.nyffelerfreiberger.ch).

27_Die Kirchenorgel

Gehilfen werden zu Meistern

«Du sollst dir kein Bildnis machen», heisst es in der Bibel. Deshalb kam es in den Gegenden, die zum neuen Glauben übertraten, zu den Bilderstürmen und zur Ausräumung der Kirchen. Damit aber nicht genug: Huldrych Zwingli war auch die Musik zu untugendhaft, und er verbannte Orgelmusik und Kirchengesang aus dem Gottesdienst, obwohl er selbst ein virtuoser Musiker gewesen sein soll, der alle damals gebräuchlichen Instrumente beherrschte und sogar geistliche Chor- und Psalmenlieder komponierte.

Die bernische Obrigkeit folgte Zwingli, die Orgeln mussten aus den Kirchen entfernt werden. Der Gesang wurde auch verboten, allerdings nur für etwa 30 Jahre, dann waren wenigstens kirchliche Lieder wieder erlaubt. 1726 wurde auch das Orgelverbot im Kanton Bern aufgehoben, und die Kirchen durften wieder mit Orgeln ausgestattet werden. Dass es nach zwei Jahrhunderten Orgelverbot keine einheimischen Orgelbauer mehr gab, wurde zum Problem. Sie mussten teilweise von weit her geholt, hier verköstigt und untergebracht werden. Zusammen mit einheimischen Gehilfen bauten sie dann die Orgeln auf. Es wäre aber zu teuer gewesen, die Orgelbauer auch für Reparaturen oder Revisionen wieder ins Land zu holen, und so kam es, dass teilweise die seinerzeitigen Gehilfen diese Aufgaben übernahmen und sich später auch an die Herstellung ganzer Orgeln wagten.

Ein solcher Autodidakt war Mathias Schneider aus Trubschachen (1775–1838). Schneider war Organist in Trub und sicher dabei, als in seiner Kirche eine Orgel eingebaut wurde. Dass er selbst Hand anlegte und das Metier des Orgelbauers auf diese Weise erlernte, ist möglich. Auf jeden Fall war er in der Folge als weitherum geschätzter Orgelbauer tätig. Seine einzige heute noch in wesentlichen Teilen erhaltene Orgel ist in der Kirche von Dürrenroth zu besichtigen. Sie wurde der Kirchgemeinde 1835 übergeben.

Adresse Dorfstrasse 21, 3465 Dürrenroth | **ÖV** ab Bahnhof Dürrenroth fünf Minuten zu Fuss | **Öffnungszeiten** jederzeit zugänglich | **Tipp** Im Emmental wurden nicht nur Kirchenorgeln gebaut, sondern auch die sogenannten Emmentaler Hausorgeln, die hier Ende des 18. und Anfang des 19. Jahrhunderts weit verbreitet waren. Zwei schöne Exemplare sind im Chüechlihus in Langnau und im Schlossmuseum in Burgdorf zu bewundern.

28 Die Postkutschenstation

Wo Tradition modern ist

Der Charakter dieses besonderen Hotels lässt sich am besten durch seine Mitgliedschaften umschreiben: Das Hotel Bären gehört den Kooperationen «Swiss Historic Hotels», «Romantic Hotels» und «Garten-Hotels» an. Und wer es besucht, wird bestätigen, dass es die Aufnahmekriterien der drei Vereinigungen vollständig erfüllt.

Dabei umfasst das Hotel eigentlich drei Gebäude: Da ist zunächst der Bären selbst, der heute das Restaurant beherbergt, erbaut 1752, mit einem Belle-Époque-Saal von 1900 und einem reich gestalteten schmiedeeisernen Wirtshausschild. Zu Recht wurde das Lokal im Jahr 2000 mit dem Titel «Historisches Restaurant des Jahres» ausgezeichnet. Auf der gegenüberliegen Strassenseite liegt das ehemalige Gasthaus Kreuz aus dem Jahre 1800, das dem Hotel Bären nun als gediegenes Gästehaus dient. Auf seiner Rückseite hat es eine wunderschöne Gartenanlage mit einem originellen Pavillon von 1890. Das daneben befindliche ehemalige Hochstud-Bauernhaus wird heute als «Gartenfenster«-Boutique genutzt. Die stilgerechte und überaus sorgfältige Renovation dieser Gebäude hat sich der ehemalige Eigentümer René Brogli sehr viel kosten lassen.

Der Werbeslogan des Hotels «Wo Tradition modern ist» deutet darauf hin, dass die historischen Gebäude technisch und einrichtungsmässig auf dem neuesten Stand sind. Ein Wellness-Bereich fehlt nicht, und auch auf eine gut versteckte Tiefgarage muss der Hotelgast nicht verzichten.

Ein Nachbargebäude des früheren Restaurant Kreuz, der «Kreuzstock», in dem heute die Gemeinde- und die Kirchgemeindeverwaltung untergebracht sind, verweist darauf, dass das «Kreuz» einst Postkutschenstation auf dem Weg von Bern nach Luzern war. Zwei heute noch sichtbare Tore mit Pollersteinen rechts und links zeigen, dass die Kutschen hier in das Haus fahren konnten und es den Reisenden so ermöglichten, im Trockenen auszusteigen: Ein Vorläufer der heutigen Tiefgarage!

Adresse Hotel Bären, Dorfstrasse 17, 3465 Dürrenroth | ÖV ab Bahnhof Dürrenroth fünf Minuten zu Fuss | Öffnungszeiten Infos unter www.baeren-duerrenroth.ch | Tipp Beachten Sie unbedingt auch die Umgebung des Hotels: Zusammen mit der Kirche, dem Pfarrhaus und dem Kreuzstock ist das Ensemble nämlich von nationaler Bedeutung.

29 Die Alphornmacherei

Von der Alp in den Jazzclub

Bald schon wird es 100 Jahre her sein, dass Ernst Schüpbach auf dem Knubel in Eggiwil sein erstes Alphorn baute. Er brachte es im Alphornbau zu einer derartigen Meisterschaft, dass man ihn unter Fachleuten als «Stradivari» der schweizerischen Alphornmacher bezeichnete. Heute steht mit Walter Bachmann, seinem Enkel, die dritte Generation in der Werkstatt, und nach wie vor werden Alphörner in hoher Qualität hergestellt. Profibläser schwören auf die Instrumente aus Eggiwil. Zwar gibt es in der Schweiz noch recht viele Alphornmacher, Bachmann's Alphornmacherei ist aber die einzige Werkstatt, in der der Instrumentenbau noch Handwerk ist und auf moderne Maschinen ganz verzichtet wird. Weil die Qualität stimmt, ist die Kundschaft bereit, beim Kauf etwas tiefer in die Tasche zu greifen. 80 bis 100 Arbeitsstunden müssen für ein drei- oder fünfteiliges Alphorn aufgewendet werden, die Verkaufspreise liegen zwischen 3.700 und 5.500 Franken. Gegen Aufpreis ist auch eine Perlmuttverzierung zu haben. Gefertigt werden die Alphörner aus Haselfichte, einer seltenen Wuchsform der einheimischen Fichte. Dieser Baum wächst normalerweise auf über 1.000 Metern. Sein Holz garantiert nach fünf bis sechs Jahren Lagerzeit den gewünschten weichen Klang des Alphorns.

Das fünfteilige Alphorn entstand übrigens auf einen Kundenwunsch hin. Ein Biker wollte sein Alphorn unbedingt auf seine Touren in die Berge mitnehmen, das dreiteilige Alphorn geriet ihm aber immer wieder in die Speichen. Sein Spezialwunsch hat sich inzwischen durchgesetzt, die Mehrzahl der Eggiwiler Alphörner besteht heute aus fünf Teilen.

Seinen Namen trägt das Alphorn im Übrigen zu Recht: Es diente früher während des Alpsommers als Hirteninstrument, zum Beispiel um die Kühe zum Melken herbeizurufen. Heute ist das Alphorn zwar immer noch auf den Alpen zu hören, aber auch im Konzertsaal und sogar in Jazzclubs.

Adresse Bachmann's Alphornmacherei, Knubel 428, 3537 Eggiwil | **ÖV** ab Bahnhof Signau Bus 271 bis Haltestelle Zihlmatt, anschliessend 45 Minuten zu Fuss | **Anfahrt** ab Eggiwil Richtung Schallenberg fahren, beim Wegweiser «Knubel» rechts abbiegen | **Öffnungszeiten** Führungen Mi und Sa auf Anfrage möglich, Infos unter www.alphornmacherei.ch | **Tipp** In Eggiwil können Sie auf dem interessanten Haus- und Brückenweg in rund anderthalb Stunden den Spuren der Wohn- und Baukultur im oberen Emmental folgen (www.eggiwiler-haus-und-brueckenweg.ch).

30 Das Hegeloch

Altes Bernpulver löst ein Problem

Die Produktion von Käse und die Viehzucht auf den Alpen im oberen Emmental machten Verkehrswege nötig, um die Waren später auf die Märkte in Langnau, Schangnau, Thun oder Bern bringen zu können. Dabei war vor allem eine sichere Verbindung vom Ilfistal ins Tal der Emme sehr gefragt, der direkte Weg über den Gyrsgrat war steil und sogar gefährlich.

Besonders interessiert an einer Verbesserung dieser Strecke war neben einigen Bauern auch die von Anna Seiler gegründete Inselspital-Stiftung: Sie besass auf beiden Seiten des Gyrsgrates Ländereien, und wenn man mit Vieh oder Waren gefahrlos von einer Seite auf die andere gelangen wollte, musste man einen Umweg über Schüpbach und Langnau in Kauf nehmen. Die Inselspital-Stiftung gehörte deshalb zu den wichtigsten Geldgebern, als es darum ging, nach einer Lösung zu suchen. Der beigezogene Ingenieur hatte die damals revolutionäre Idee, den Grat zu untertunneln, statt eine teure Strasse über den Gyrsgrat zu bauen. In der Schweiz gab es zu dieser Zeit erst einen einzigen Strassentunnel, das rund 70 Meter lange Urnerloch, einen Teil des Gotthardpasses.

Im Winter 1839/40 machten sich die interessierten Bauern ans Werk. Gelocht wurde nicht mit Pickeln, sondern mit sogenanntem altem Bernpulver. Geliefert wurde es einerseits von der Langnauer Pulvermühle Ulrich Lehmann, andererseits vom bernischen Militär, das alte Artilleriegeschosse zu entsorgen hatte. Bereits im Mai 1840 konnte der rund 30 Meter lange und auf 1.080 Meter Höhe gelegene Tunnel befahren und begangen werden. Und es gibt ihn heute noch, er dient aber nicht mehr dem Warenverkehr, sondern nur noch dem Freizeitvergnügen von Wanderern und Velofahrern.

Es ist wohl unnötig zu erwähnen, dass die Bauabrechnung deutlich über dem Kostenvoranschlag lag, obwohl man bei der Tunnelhöhe sparte, was allerdings dazu führte, dass Reiter nun gezwungen waren abzusteigen.

Adresse an einer nicht asphaltierten Strasse gelegen, 3537 Eggiwil | **Anfahrt** ab Trubschachen Richtung Blapbach fahren, nach Ober-Hegen Wanderwegweiser beachten | **Tipp** Wenn Sie schon in Richtung Blapbach unterwegs sind, machen Sie einen Halt im Restaurant Blapbach. Auf 1.120 Metern geniesst man hier einen schönen Blick ins Emmental.

31 Die Herrenalp

Alpkäse von Bauern- und Herrenalpen

Das Bevölkerungswachstum und damit einhergehend ein grösserer Nahrungsmittelbedarf führten ab dem 16. Jahrhundert dazu, dass man im Emmental auch die höher gelegenen Waldgebiete zu roden begann. Für den Ackerbau waren diese «Höger» wenig geeignet, und so entstanden die Alpweiden, auf denen Kühe gehalten und von den Chüjern (Kühern) Alpkäse respektive Emmentaler hergestellt wurde. Die Produktion war erfolgreich, bald schon konnte der Emmentaler auch ins benachbarte Ausland exportiert werden. Aus klimatischen Gründen war die Weidezeit auf den Alpen auf vier bis fünf Monate beschränkt, die restliche Zeit des Jahres verbrachten die Kühe im Unterland. Dort war eine Käseproduktion wegen des zu geringen Futterangebotes für die Kühe bis Ende des 18. Jahrhunderts noch nicht möglich (siehe Ort 103).

Es mag auf den ersten Blick erstaunen, dass einige der etwa 30 Alpen im oberen Emmental nicht Bauern, sondern bernischen Patriziern gehörten. Ein Grund dafür ist eine emmentalische Spezialität, das sogenannte Minoratserbrecht: Ein Landwirtschaftsbetrieb wurde von den Eltern immer auf den jüngsten Sohn übertragen, der dann aber seine Geschwister auszahlen musste. Eine Möglichkeit, sich die dazu nötigen Mittel zu beschaffen, war der Verkauf der Alpen an vermögende Berner Patrizier. Bauernalpen wurden so zu «Herrenalpen», und eine dieser Herrenalpen ist bis heute der Rämisgummen. Eine bekannte Eigentümerin war bis zu ihrem Tode 1981 die legendäre Elisabeth de Meuron-von Tscharner.

Die Alp Rämisgummen liegt auf einer Höhe von 1.090 bis 1.300 Metern und ist mit ihren 130 Hektar eine der grössten im Emmental. Die Pächterfamilie Schenk aus Eggiwil stellt dort seit 2002 jedes Jahr etwa zwölf Tonnen Käse her. Berühmt ist der Rämisgummen aber nicht nur wegen seines leckeren Käses, sondern auch wegen der prächtigen Krokusfelder, die jeweils im Frühling zu bewundern sind.

Adresse Rämisgummen, 3537 Eggiwil | Anfahrt ab Eggiwil oder Trubschachen erreichbar | Tipp Empfehlenswert ist die knapp vierstündige Höhenwanderung ab Langnau über Hochwacht und Blapbach nach Eggiwil, vor allem wenn während der Krokusblüte wegen der vielen Ausflügler auf dem Rämisgummen ohnehin nur schwer ein Parkplatz zu finden ist.

32 Das Nadelöhr

Die abenteuerliche Holzflösserei

Neben dem Käse hatte das Emmental in früheren Jahrhunderten ein weiteres wichtiges Exportgut: das Holz. Und das hatte die gleichen Folgen, wie wir sie heute Entwicklungsländern zum Vorwurf machen. Während das Emmental vor 1.000 Jahren zu nahezu 100 Prozent bewaldet war, waren es 1754 zum Beispiel in Langnau und Trubschachen weniger als zehn Prozent der Gemeindefläche! Heute sind es wieder rund 50 Prozent.

Aus Schangnau und Eggiwil exportierte man Spältenholz, einen Meter lange Holzstücke, die man bei genügend hohem Wasserstand einfach in die Emme warf und beidseits der Emme bis zum Käufer begleitete, etwa zu den Eisenwerken Von Roll in Gerlafingen, die pro Jahr 3.000 bis 4.000 Klafter Holz benötigten. Dabei kam es im engen Räbloch gelegentlich zu Verstopfungen. Um sie zu beseitigen, waren halsbrecherische Aktionen nötig: Männer mussten an Seilen in die bis zu 80 Meter tiefe Schlucht hinuntergelassen werden.

Wo die Flussbreite es erlaubte, wurden ganze Tannen für den Hausbau zu Flossen zusammengebunden. Sie liessen sich durch zwei Ruderstangen steuern und dienten gleichzeitig dem Transport von Waren wie Butter, Käse, Schnaps oder Kälbern. Da nur bei hohem Wasserstand im Frühling oder nach Gewittern geflösst werden konnte, waren das natürlich abenteuerliche Fahrten. Und an Zollstationen wie der Brücke in Lützelflüh musste auch noch gehalten werden. Es waren mutige Männer, die mit ihren Waren bis nach Brugg oder noch weiter fuhren. Wegen ihres unsteten Lebens – sie waren lange unterwegs und mussten ja zu Fuss wieder zurück! – hatten sie keinen guten Ruf. Man sagte über sie, sie seien arbeitsscheu und führten in der Pinte das grosse Wort.

Abenteuer kann man im Räbloch auch heute noch erleben, und zwar bei geführten Entdeckungstouren. Abgeseilt wird aber nur noch, wenn die ungestüme Emme das Räbloch nach einem Gewitter wieder einmal verstopft hat.

Adresse Steinmösli, 3537 Eggiwil | Anfahrt an der Strasse von Eggiwil nach Schangnau, Parkplatz vorhanden | Tipp Die Holzflösserei hätte sich erübrigt, wenn man das Holz auf die Bahn hätte verladen können; im Hinblick darauf baute man zwischen Aeschau und Eggiwil schon mal ein Bahnhofsgebäude. Die Bahn kam aber nie, heute befindet sich dort wenigstens die Busstation Neuhof.

33 Das Schulhaus Hindten

Wo eine moderne Unterrichtsform Tradition hat

Mit 60,3 Quadratkilometern ist Eggiwil nach Trub die flächenmässig zweitgrösste Gemeinde im Verwaltungskreis Emmental. Auf diese Fläche verteilen sich nur knapp 2.500 Einwohner, die zu einem guten Teil auf den für das Emmental typischen abgeschiedenen Einzelhofsiedlungen leben. Das hätte wegen möglicher langer Schulwege ein Problem für einige der etwa 300 schulpflichtigen Kinder in der Gemeinde darstellen können. Eggiwil löste das Problem mit dezentralen Schulhäusern. Noch vor 30 Jahren gab es in der Gemeinde nicht weniger als neun Schulhäuser! Nach dem Rückgang der Kinder- und damit der Schülerzahlen in den letzten Jahrzehnten wurden einige Schulhäuser geschlossen, heute sind aber immer noch fünf in Betrieb. Da auf drei dieser Schulhäuser je weniger als 20 Kinder entfallen, können natürlich nicht die üblichen Klassen gebildet werden, vielmehr werden hier alle Kinder der ersten bis neunten Klasse gemeinsam unterrichtet. Diese altersgemischten Klassen sind in Eggiwil fest verankert. Während sie andernorts als pädagogische Neuerung wieder eingeführt wurden, haben sie hier eine lange Tradition, auf die man stolz ist. Durch diese Organisationsstruktur würden das eigenverantwortliche Lernen der Kinder, ihre Zusammenarbeit und die gegenseitige Rücksichtnahme sowie das soziale Engagement gefördert, sind die Eggiwiler überzeugt. Und was die Übertrittszahlen in die Sekundarschule betreffe, seien sie in Eggiwil auch nicht schlechter als in anderen Gemeinden.

Wie man sich leicht vorstellen kann, ist dieses Unterrichtssystem für die Lehrkräfte mit einem deutlich höheren Aufwand verbunden. Das scheint aber nicht abschreckend zu wirken. Laut Gemeinde hatte man bisher keine grossen Probleme, Lehrkräfte zu finden. Wer eine schöne Landschaft liebt und in den abgelegenen Schulhäusern eine gewisse Autonomie schätzt, ist hier am richtigen Ort, zum Beispiel im Schulhaus Hindten.

Adresse Hindten, 3537 Eggiwil | ÖV ab Bahnhof Signau Bus 271 bis Haltestelle Zihlmatt, anschliessend 25 Minuten zu Fuss | Tipp Eggiwil ist ein idealer Ausgangspunkt für Wanderungen und Bikertouren. Wem das zu anstrengend ist, der kann es auf der Minigolfanlage beim Hotel-Restaurant Hirschen etwas ruhiger angehen lassen.

34 Der Treichelschmied

Es geht auch ohne Website

Viele Touristen werden nicht im Duden nachschlagen müssen, um zu wissen, dass es sich bei der Treichel um eine Art Kuhglocke handelt. Aber nicht jeder Tourist wird den Unterschied zwischen einer Kuhglocke und einer Treichel erklären können. Sie unterscheiden sich in der Herstellungsart: Eine Glocke wird gegossen, eine Treichel aus Blech geschmiedet. Und wenn es eine besonders gediegene und wohlklingende Treichel sein soll, wird sie von Hand geschmiedet, wie bei Fritz Gerber in Eggiwil.

Sein beruflicher Werdegang ging zunächst in eine andere Richtung: Statt mit Metall arbeitete er als Zimmermann mit Holz. Er hatte aber immer Freude und Interesse an Glocken und Treicheln und begann, mit ihnen zu handeln. Bis er sich eines Tages sagte, er könne doch mal probieren, selbst eine Treichel herzustellen. Der Versuch gelang bestens, seine handgeschmiedeten Treicheln kamen gut an, und seit einigen Jahren ist er nun hauptberuflicher Treichelschmied. Dabei war für den geschäftlichen Erfolg nicht einmal Werbung oder eine Website nötig. Marktbesuche und vor allem Mund-zu-Mund-Propaganda genügten. Und so hämmert Fritz Gerber nun jeden Tag zwei Blechteile in die richtige Form und schweisst sie anschliessend millimetergenau zusammen.

Heutzutage wird übrigens nur noch ein Teil der Treicheln von Kühen getragen, vor allem bei festlichen Anlässen wie Alpaufzügen, Alpabfahrten oder Viehausstellungen. Daneben gelten Treicheln jedoch als beliebte Preise bei Schwingfesten oder als Geschenke bei Hochzeiten, Geburten und Geburtstagen. Ausserdem werden sie als Klanginstrumente bei allen möglichen traditionellen volkstümlichen Anlässen eingesetzt, zum Beispiel beim Vertreiben von bösen Geistern. Und es gibt sogar Treichelclubs, etwa den Fanclub des vierfachen Olympia-Goldmedaillengewinners im Langlauf Dario Cologna, den die Clubmitglieder bei seinen Rennen jeweils klanglich unterstützten.

Adresse Grosstannen Säge 245B, 3537 Eggiwil | Öffnungszeiten Werkstattbesuche nach Voranmeldung unter Tel. 079/2893884 möglich | Tipp Hoch über dem Bärbach in Eggiwil liegt die Hohlenfluh, wo ein Wohnhaus und Stallungen unter eine Nagelfluh gebaut wurden. Auf der Website der Gemeinde ist ein Wandervorschlag zu diesen Fluehüsli zu finden (www.eggiwil/tourismus).

35_Der Bauerngarten

Nicht nur Nutz-, sondern auch Zierfunktion

Wie bei Bauernhäusern, Stöcklis und Speichern zeigt sich auch bei einigen Emmentaler Bauerngärten der Ehrgeiz, nicht nur etwas Zweckmässiges, sondern etwas ästhetisch Ansprechendes zu schaffen. Das stellte vor 200 Jahren bereits der Sumiswalder Pfarrer Rudolf Fetscherin fest: «In den Dörfern und oft auch bei entlegenen, schönen Bauerngütern trifft man ganz stattliche Gärten an, deren Beete den äusseren Rändern und den Blumenbanden nach mit Buchs eingefasst und mit Geschmack angeordnet sind.»

Der typische Bauerngarten liegt idealerweise direkt vor dem Bauernhaus. Ein Zaun umgibt ihn, und die geometrisch gegliederten Gartenbeete sind von Buchsbaumeinfassungen umschlossen. Die Wege sind mit Rindenmulch oder Kies belegt. Die Bepflanzung der verschiedenen Beete folgt dem Vorbild mittelalterlicher Klostergärten. So wachsen neben dem Gemüse für den Bauernhaushalt Gewürzpflanzen wie Rosmarin, Pfefferminz und Salbei. Und da der Garten nicht nur eine Nutz-, sondern auch eine Zierfunktion zu erfüllen hat, fehlen auch Blumen nicht. Für sie hatte seinerzeit sogar der puritanische Pfarrer Fetscherin Verständnis: «Wenn je ein Luxus unschädlich ist, so ist's gewiss diese so unschuldige Freude, durch welche das Gefühl für Schönheit belebt und unterhalten wird.»

Da sie nicht mehr wie früher auf die Unterstützung von Mägden zählen können, finden heute immer weniger Bäuerinnen neben ihren beruflichen Verpflichtungen die nötige Zeit zur Pflege eines echten Bauerngartens. Eine Bäuerin, die sich die Zeit noch nimmt, ist Anna-Katharina Schwab: «Durch einen Garten verliert man den Bezug zu den Lebensmitteln nicht, und zudem ist Gartenarbeit eine Lebensschule; man lernt zum Beispiel Geduld und Ausdauer.» Und so können sich Passanten seit vielen Jahren an ihrem wunderschönen Garten erfreuen. Er ziert das denkmalgeschützte Bauernhaus von 1785 und das gediegene Stöckli von 1797.

Adresse Dorfstrasse 5, 3424 Niederösch | ÖV ab Bahnhof Burgdorf Bus 466 bis Haltestelle Niederösch Unterdorf | Tipp Auch ein Spaziergang durch das Dorf Niederösch lohnt sich. Sein Ortsbild gilt zu Recht als eines der besterhaltenen und schönsten der Region.

36 Die Schwingerzentrale

Der Zweikampf im Sägemehlring

Wer hat's erfunden? Gern würde man natürlich sagen, dass es ein Emmentaler war, aber dafür gibt es keine Beweise. Immerhin sind Archiv und Schwingerstube des 1895 gegründeten Eidgenössischen Schwingerverbandes seit 1968 im Emmental ansässig, und auch die 2011 gegründete Geschäftsstelle hat hier – in Ersigen – ihren Sitz.

Der traditionsreiche und traditionsverbundene Breitensport wird in der Schweiz konstant von rund 6.000 Aktiven ausgeübt, die Hälfte von ihnen Junioren, womit die Zukunft gesichert ist. Ihre Sympathie für den Schwingsport bekunden über 50.000 Passivmitglieder. Sie erhöhen so auch ihre Chancen, eine der begehrten Eintrittskarten für das alle drei Jahre stattfindende Eidgenössische Schwing- und Älplerfest zu ergattern. Die über 50.000 Plätze in der Arena sind nämlich immer ausverkauft. Rund um die Arena finden sich weitere 350.000 bis 400.000 Fans ein. Das Interesse der Öffentlichkeit ist in den letzten Jahrzehnten gewachsen, einerseits durch eine «Back to the roots»-Stimmung, andererseits weil das Schweizer Fernsehen das «Eidgenössische» seit 2004 live überträgt. Unüblich für einen Sportanlass dieser Grösse ist dabei, dass nirgends Werbung zu sehen ist. Um die Kommerzialisierung des Schwingsports zu verhindern, gilt in der Arena für die rund 300 Schwinganlässe pro Jahr ein striktes Werbeverbot. Das betrifft auch die Schwinger selbst. Ausserhalb des Stadions dürfen sie Werbung machen, zehn Prozent ihrer Werbeeinnahmen müssen sie aber dem Verband abliefern. So kommen jährlich rund 200.000 Franken zusammen, die ausschliesslich für die Nachwuchsförderung eingesetzt werden.

Etwas lockerer ist man beim Outfit geworden. Obligatorisch ist natürlich weiterhin die traditionelle Zwilchhose, Schwinger mit langen Haaren werden aber nicht mehr ausgeschlossen. Früher hiess es: «Wer lange Haare trägt, schwitzt mehr und kann weniger denken.»

Adresse Geschäftsstelle ESV, Rumendingenstrasse 1, 3423 Ersigen | **ÖV** ab Bahnhof Burgdorf Bus 466 bis Haltestelle Ersigen Gemeindehaus | **Öffnungszeiten** Termine unter www.esv.ch | **Tipp** Im wunderschönen Gasthof zum Bären in Trubschachen, dem vielleicht ältesten Bären der Schweiz, ist die Schwingerstube untergebracht, ein kleines Museum des ESV.

37 Das Stöckli

Eine bernische Spezialität

Man kann sich durchaus fragen, warum es gerade im Kanton Bern und vor allem im Emmental auf grösseren landwirtschaftlichen Betrieben für die abtretende Generation nicht selten ein eigenes Wohngebäude – das Stöckli – gibt. Das Generationenproblem wird hier ja kaum ausgeprägter gewesen sein als anderswo. Auf jeden Fall konnte sich das Stöckli aber nur in jenen Gegenden einbürgern, in denen es grössere Höfe gab, und das war im Emmental der Fall. Die Betriebe mussten hier im Erbschaftsfall von Gesetzes wegen immer ungeteilt an den jüngsten Sohn übergehen (siehe Ort 31). Die Eltern erhielten ein Wohnrecht im Stöckli und meistens auch noch das Recht auf den Bezug von Naturalien wie Brennholz und Milch. Und natürlich musste der Hoferbe seine Geschwister auszahlen, was zu Problemen führen konnte, auch wenn er den Hof zum günstigeren Ertragswert und nicht zum höheren Verkehrswert übernehmen durfte.

Die ältesten bekannten Stöckli sind im 17. Jahrhundert errichtet worden, und seit der zweiten Hälfte des 18. Jahrhunderts sind sie im emmentalischen Brauchtum fest verankert. «Und was der Emmentaler baut, mues e Gattig mache» (zu Deutsch: muss ansprechend aussehen), wie der Dialektforscher und Pfarrer Emanuel Friedli feststellte. Das sei deshalb so, weil der Hof dem Emmentaler Bauern «Wirtshaus und Theater, Badefahrt und Sommerfrische» ersetzen müsse. Das mache den Emmentaler zum geborenen Bau-Ästhetiker.

Diese Sorgfalt beim Bauen zeigt sich auch beim 1804 erstellten Stöckli der Familie Zaugg. Und nicht nur beim Stöckli, sondern auch beim zugehörigen imposanten Bauernhaus von 1723 und beim Speicher, zu dem die Denkmalpflege in ihrem Bauinventar festhält, er sei trotz seines hohen Alters von mehr als 250 Jahren tadellos erhalten.

Damit präsentiert sich hier auf dem Hof der Familie Zaugg ein sehr schönes und typisch emmentalisches Bauernhofensemble.

Adresse Thunstrasse 90, 3415 Schafhausen im Emmental | ÖV ab Bahnhof Schafhausen im Emmental 15 Minuten zu Fuss | Tipp In der Nachbarschaft, an der Thunstrasse 60, liegt der architektonisch ebenfalls sehr schöne Landgasthof «Zum Rössli», im Volksmund «Staubiger Esel» genannt. Mindestens seit dem 16. Jahrhundert kann man hier einen Halt einlegen, bei schönem Wetter auch in der Gartenwirtschaft unter Kastanienbäumen.

38 Die Zollstatt

Als der Freihandel noch unbekannt war

Wer im Mittelalter mit Waren unterwegs war, musste immer wieder damit rechnen, auf eine Zollstation zu treffen. Noch bis 1844 unterhielt allein der Kanton Bern 99 Zollstationen! In diesem Jahr wurden wenigstens die zwölf innerbernischen Zollstätten aufgehoben. Die 87 an den Kantonsgrenzen blieben aber bis zur Bundesverfassung 1848 bestehen. Dabei durften diese Zollstationen keinesfalls umgangen werden. Wer dabei erwischt wurde, hatte eine Busse zu entrichten und riskierte sogar die Konfiskation seiner Ware. Einmal musste die bernische Obrigkeit ihre Zöllner aber in einem Schreiben darauf hinweisen, dass es verboten sei, die Leute an der Zollstatt vorbeiziehen zu lassen, um sie dann kurz danach anzuhalten und ihnen wegen der Umgehung des Zolls eine Busse aufzubrummen …

Die Höhe der Zölle war in umfangreichen Tarifen mit Hunderten von Positionen geregelt. Von A wie Asche bis Z wie Zucker war alles zu finden, auch Mühl- und Schleifsteine gingen nicht vergessen. Massgebend für die Zollgebühr war die Stückzahl oder das Gewicht, und wo das nicht leicht festzustellen war, zum Beispiel bei Hausrat, behalf man sich wie folgt: War der Transportwagen mit einem Stück Vieh bespannt, schuldete man zehn Kreuzer, bei zwei Stück Vieh waren es 20 Kreuzer und so weiter. Unterschieden wurde auch zwischen Import und Export: Für ausländisches Bier war der Zoll doppelt so hoch wie für einheimisches.

Was die Abwicklung am Zoll erschwert haben dürfte, war die Tatsache, dass in der Eidgenossenschaft 70 verschiedene Geldsorten im Umlauf waren. Gelegentliche Warteschlangen waren wohl unvermeidlich.

Eine der Zollstationen im Emmental stand in der Tschamerie. Das sorgfältig renovierte Zollgebäude existiert heute noch. Man vermutet, dass es auf den Grundmauern einer Kapelle errichtet wurde. Ob der Name «Tschamerie» auf «Santa Maria» zurückzuführen ist, ist aber umstritten.

Adresse Tschamerie 9, 3415 Hasle bei Burgdorf | ÖV ab Bahnhof Burgdorf Bus 465 bis Haltestelle Tschamerie | Tipp Das nahe gelegene Land-Café führt auch ein Minihotel mit einigen Zimmern (Tschamerie 34, www.landcafe.ch).

39 Die Buchsbaumkulturen

Besuch im Labyrinth

Schon die alten Griechen und Römer kannten *Buxus sempervirens*, einen winterharten und immergrünen Strauch. Karriere machte der Buchsbaum aber so richtig in der Renaissance, wo er in den Gärten der Fürsten und Könige zu einem wichtigen Element der Gartengestaltung wurde. Er diente einerseits der Einfassung von Beeten, andererseits liessen sich aus ihm kunstvolle Figuren schneiden.

Dem Beispiel der Fürsten und Könige folgend, begannen Adelige und reiche Bürger, den Buchsbaum in ihren Gärten anzupflanzen, und schliesslich wurde er – besonders im Emmental – zu einem nicht wegzudenkenden Bestandteil der Bauerngärten (siehe Ort 35). Das war einer der Gründe, die den Bauern Ernst Oppliger 1989 dazu bewogen, den Anbau von Buchsbaum als Nebenerwerb aufzuziehen. Aus dem Nebenerwerb wurde nach der Pensionierung die Hauptbeschäftigung, und heute umgibt ein Labyrinth von sicher mehr als 1.000 Pflanzen auf etwa 2.000 Quadratmetern Ernst Oppligers altehrwürdiges Hochstudhaus aus dem Jahre 1641. Der Gartenbau habe ihn schon immer interessiert, erzählt er, und Buchsbaum habe den Vorteil, dass man mit ihm keine Arbeitsspitzen habe; zwar müsse man die Buchsbäume jährlich schneiden, damit sie ihre Form nicht verlören, das könne man aber zu jeder Tages- und Jahreszeit machen. Er schneide alle Sträucher von Hand, sagt er, weil man so exakter arbeiten könne.

In den letzten Jahren setzte der Buchsbaumzünsler, die Raupe eines ostasiatischen Kleinschmetterlings, den Buchsbäumen zu. Seit die Vögel gemerkt haben, dass diese Raupen essbar sind, sind sie für Ernst Oppliger aber kein grosses Problem mehr. Ein Pilz, der seit einigen Jahren den Buchsbaum befällt und die Blätter braun verfärbt, bereitet ihm heute mehr Sorgen. Er ist aber zuversichtlich, dass er Kunden weiterhin mit gesunden Buchsbäumen beliefern und Besucher in seinem Labyrinth herumführen und ihnen auf Wunsch im früheren Stall einen Imbiss anbieten kann.

Adresse Ferrenberg 346, 3413 Kaltacker | ÖV ab Bahnhof Burgdorf Bus 468 bis Haltestelle Brügglen b. Kaltacker (Fahrplan konsultieren), anschliessend zehn Minuten zu Fuss | Anfahrt ab Kaltacker Richtung Lueg fahren, bei Ferrenberg links abbiegen | Öffnungszeiten Besuch nach Anmeldung unter Tel. 034/4222888 möglich | Tipp Auf dem Rückweg nach Burgdorf lohnt sich eine Einkehr im traditionsreichen Landgasthof Löwen. Sein Wirtshausschild von 1669 zierte 1983 sogar eine Pro-Patria-Briefmarke.

40 Die Gerstler-Eibe

Ein Baum wird zum Gemeindewappen

Sie ist der vielleicht berühmteste Baum des Emmentals: die Gerstler-Eibe in Heimiswil. Und berühmt war sie schon im 19. Jahrhundert, einerseits wegen ihrer Grösse, andererseits wegen ihres Alters. 1895 liess das Kreisforstamt sie fotografieren, um sie im Jahr darauf an der Landesausstellung in Genf zeigen zu können. Möglicherweise fiel sie dort den einflussreichen und sehr bekannten Naturwissenschaftlern Dr. Fritz Sarasin und Dr. Paul Sarasin auf. Auf jeden Fall besuchten die beiden die Eibe 1899, untersuchten sie und schätzten ihr Alter auf wenigstens 1.000 Jahre. Sie brachten die Schweizerische Naturforschende Gesellschaft dazu, mit dem damaligen Besitzer der Eibe, Johann Glauser, zwei Jahre später einen Vertrag abzuschliessen, in dem ihm gegen eine Entschädigung von 900 Franken die Verpflichtung auferlegt wurde, für den Schutz, die Schonung und den Erhalt der Eibe zu sorgen.

Nach Bohrungen in den Stamm weiss man heute, dass die Eibe wohl nur knapp 500 Jahre alt ist. Sie ist aber noch nicht ausgewachsen, und ihre Höhe und ihr Stammumfang von fast sieben Metern sind trotzdem beeindruckend.

Die Eibe, eine Mischform zwischen Laub- und Nadelhölzern, galt früher als Baum des Todes, man pflanzte sie rund ums Haus zum Schutz vor Hexen und bösen Geistern. Das mag damit zusammenhängen, dass ausser dem roten Fruchtfleisch alle Pflanzenteile Giftstoffe enthalten. Zu schweren Vergiftungen kann es vor allem bei der Einnahme der Nadeln kommen. Fatalerweise für die Eibe sind aber Rehe gegen das Gift immun, deshalb fallen ihnen viele junge Bäume zum Opfer, und «jung» heisst bei der langsam wachsenden Eibe: bis zum Alter von 25 Jahren.

Für die Gemeinde Heimiswil war die Gerstler-Eibe bedeutend genug, um sie ab 1915 in stilisierter Form zum Gemeindewappen zu küren, was «von bodenständigem Sinne und Ehrfurcht vor bewährtem Alten» zeuge, wie ein Chronist feststellte.

Adresse Gerstler, 3412 Heimiswil | **ÖV** ab Bahnhof Burgdorf Bus 468 bis Haltestelle Brügglen b. Kaltacker (Fahrplan konsultieren), anschliessend zehn Minuten zu Fuss | **Tipp** So bekannt wie die Eibe ist auch die Brennerei Kramer AG in Heimiswil. Bereits in der dritten Generation werden hier mehrfach ausgezeichnete Schnäpse gebrannt (Niederdorf 7, www.brennerei-kramer.ch).

41 Der Heidenstock

Ein «sagenhaftes» Gebäude

Wenn man vom Restaurant Lueg Richtung Rotenbaum wandert, trifft man nach einiger Zeit auf den Weiler Zeitlistal und dort auf ein rätselhaftes Gebäude. Dass es sehr alt sein muss, sieht man sofort, aber was war seine Funktion? Die Antwort findet sich im Bauinventar der Denkmalpflege, die das Gebäude als «Heidenstock» bezeichnet. Darunter versteht man in hiesigen Gegenden einen – wie auch hier – meistens unterkellerten Vorratsraum. Er ist damit ein Vorläufer der später aus Holz erstellten Speicher (siehe Ort 110).

Das Gebäude in Zeitlistal, das im Kern aus dem 16. Jahrhundert stammen soll, muss aber noch eine andere Funktion gehabt haben, denn im Innern entdeckt man entlang der Wände Sitzbänke. Die Sage will wissen, dass Wallfahrer in diesem Raum Andachten abgehalten haben. Diese Andachten sollen auch den merkwürdigen Namen des Weilers erklären: Ein immer etwas in Eile befindlicher Pfarrer soll seine Predigten jeweils mit den Worten «Es isch Zit is Tal» (Es ist Zeit, ins Tal zu gehen) geschlossen haben …

Apropos merkwürdige Weilernamen: In der benachbarten Gemeinde Affoltern stösst man auf den Weiler Heiligenland. Der Name soll auf eine Kapelle zurückgehen, zu der es bis zur Reformation Wallfahrten gab, die auch in Zeitlistal vorbeiführten. Nach Meinung einer bekannten Historikerin ist der genaue Standort dieser Kapelle unbekannt, für den verstorbenen Kunsthistoriker und Käsehändler Dr. Alfred Guido Roth war aber klar, dass ein heute noch bestehender steinerner Stock, der später in einen Speicher umgewandelt wurde, als Überbleibsel der Kapelle betrachtet werden kann. Von den Einheimischen wird der Stock auch als «Kapelle» bezeichnet. Für die Denkmalpflege ist das Gebäude – wie sein Pendant in Zeitlistal – ein «Heidenstock». Auf jeden Fall sind aber beide architekturhistorisch äusserst wertvolle und sehr selten anzutreffende Bauwerke.

Adresse Zeitlistal 595b, 3413 Kaltacker | ÖV ab Bahnhof Burgdorf Bus 468 bis Haltestelle Lueg (Fahrplan konsultieren), anschliessend 25 Minuten zu Fuss Richtung Rotenbaum | Tipp Bei der sogenannten «Kapelle» im Weiler Heiligenland (Heiligenland 7a, 3416 Affoltern im Emmental), die im Kern aus dem Jahre 1580 stammt, handelt es sich um eines der ältesten erhaltenen Gebäude der Gemeinde Affoltern. Auf dem Weg von der Lueg nach Rotenbaum begegnet man auch dem gediegenen Schulhaus Rotenbaum aus dem Jahre 1923.

42 Die Nagelschmiede

Das kleinste Museum im Emmental

Dass man früher sein Brot mit der Herstellung von Nägeln verdienen konnte, überrascht aus heutiger Sicht etwas. Auf der Egg in Heimiswil sollen jedoch in guten Zeiten mehrere Männer ein Auskommen als Nagelschmiede gefunden haben. Allerdings war der Anwendungsbereich von Nägeln früher grösser als heute: Es gab Hufnägel, Schuhnägel und verschiedene Nägel, die im Bauwesen benötigt wurden. Je nach Nagelgrösse waren für die Fertigstellung eines Nagels 15 bis 60 Hammerschläge nötig.

Das kleine Gebäude der Nagelschmiede ist vermutlich 1767 erstellt worden, als Schmiede genutzt wurde es ab 1805, zuerst durch eine Familie Stalder, nach der Heirat mit einer Stalder-Tochter ab 1877 durch Gottfried Flükiger. Nach einem Unfall musste Flükiger seine Arbeit als Nagelschmied aufgeben, er erwarb 1886 eine mechanische Schmiede, die damals schon seit rund 200 Jahren bestehende Hammerschmiede in Oberburg. Sie existiert als Flükiger & Co. AG bis heute und beschäftigt als grösste Gesenkschmiede der Schweiz rund 50 Angestellte. Produziert werden Gesenkschmiedeteile, die oftmals dynamischen Dauerbelastungen ausgesetzt sind und deshalb sehr gute Festigkeitseigenschaften aufweisen müssen. Anwendung finden sie etwa in der Maschinen-, Bahn- und Transportindustrie oder in der Landtechnik.

Die Nagelherstellung auf der Egg gab Familie Flükiger nach dem Umzug nach Oberburg bald auf. Offenbar bestand die Nagelschmiede aber weiter. Nach einer letzten Blütezeit im Zweiten Weltkrieg, als die Armee im Jahre 1940 zum Beispiel 40 Millionen Nägel benötigte, wurde die Produktion endgültig eingestellt. Mit Hilfe des Heimatschutzes und des Rittersaalvereins Burgdorf konnte der Abbruch der Nagelschmiede verhindert und dort ein kleines Museum eingerichtet werden, das man zwar nicht besuchen, in das man durch die Fensterscheiben aber zumindest hineinschauen kann.

Adresse Egg 454, 3413 Kaltacker | **ÖV** ab Bahnhof Burgdorf Bus 468 bis Haltestelle Kaltacker Post, anschliessend zehn Minuten zu Fuss | **Anfahrt** ab Heimiswil Richtung Kaltacker fahren, kurz vor Kaltacker scharf links auf Egg abbiegen | **Öffnungszeiten** nur von aussen zu besichtigen | **Tipp** Die Nagelschmiede liegt direkt am Jakobsweg, auf dem Teilstück von Burgdorf nach Huttwil. Kurz nach Burgdorf führt dieser Weg durch einen verkehrshistorisch äusserst interessanten und bereits vor Jahrhunderten aus dem Sandstein gehauenen Hohlweg.

43 Die Künstlerkolonie

Der «Farbensymphoniker» Amiet geht in die Lehre

Gleich und gleich gesellt sich gern. Das gilt auch für Künstler, und so kam es, dass der Gasthof Freienhof in Hellsau ab 1886 jeweils im Sommer zu einer Künstlerkolonie wurde. Dabei funktionierte man den Tanzsaal im zweiten Stock zu einem Atelier um. Entdeckt hatte den Ort der damals schon recht bekannte Solothurner Kunstmaler Frank Buchser, der im Freienhof als Lehrer für die jüngeren Künstler auftrat. Zu seinem bedeutendsten Schüler wurde Cuno Amiet (1868–1961).

Es versammelten sich immer mehr Künstler im Freienhof, so etwa Giovanni Giacometti sowie verschiedene Basler Maler. Zu ihnen gesellten sich auch Kunstkritiker und Kunstmäzene wie Oscar Miller, Direktor der Papierfabrik Biberist, der jeweils zu Fuss oder mit dem Fahrrad anreiste. Dass neben dem Malen das Gesellige nicht zu kurz kam und es bisweilen hoch zu und her ging, dürfte klar sein. Es wurde aber auch ernsthaft gearbeitet. In seinen «Erinnerungen an Frank Buchser» schrieb Amiet später: «In diesen Hellsauwochen lernte ich so recht, was Arbeit heisst. Ich wurde rücksichtslos, erbarmungslos in die edle Kunst des Malens eingeweiht.«

Die Anwesenheit der Maler hinterliess im Freienhof auch künstlerische Spuren. So gab es in der Gaststube einst bemalte Türfüllungen von Buchser, Amiet und Giacometti. Sie wurden aber leider später demontiert und verkauft. Von 1894 bis 1898 wohnte Amiet ganz im Freienhof und fand dort mit der jüngsten Wirtstochter Anna Luder, die ihm auch als Modell diente, seine Ehefrau. Nach der Heirat 1898 verliess er mit ihr zusammen den Freienhof und zog auf die Oschwand, wo er bis zu seinem Tode wohnte.

Im Jahre 1917 erlebte der Freienhof, dem nach Meinung der Denkmalpflege neben der baulichen auch eine «kulturhistorische Bedeutung» zukommt, ein kurzes künstlerisches Revival, als der Kunstmaler Ernst Morgenthaler dort für anderthalb Jahre einzog.

Adresse Zürich-Bernstrasse 17, 3429 Hellsau | ÖV ab Bahnhof Herzogenbuchsee Bus 54 bis Haltestelle Seeberg Schlüssel, anschliessend 20 Minuten zu Fuss | Öffnungszeiten Mo–Fr 6–23.30 Uhr | Tipp Wer Bilder von Amiet sehen will, dem sei der Amiet-Hesse-Weg empfohlen – der Maler Bruno Hesse ist der älteste Sohn von Hermann Hesse. Er beginnt beim Bahnhof Riedtwil und führt zu Originalschauplätzen der beiden Maler (www.amiet-hesse-weg.ch).

44 Das Frauengefängnis

Eine Ironie der Geschichte

Mit «schillernd» ist die Persönlichkeit des Hieronymus von Erlach (1667–1748), des Erbauers von Schloss Hindelbank, eher wohlwollend umschrieben. Bereits mit 13 Jahren trat er in französische Militärdienste ein, stieg dort auf, schwängerte eine Adelige, musste sie heiraten und zum Katholizismus übertreten, ein Jahr später verliess er sie jedoch bereits wieder. Sein Ruf war dadurch in Frankreich ziemlich ramponiert, er kehrte dem Land den Rücken und wechselte zum Feind nach Österreich, wo er ebenfalls Karriere in der Armee machte.

Zurück in der Schweiz baute er ab 1712 zunächst Schloss Thunstetten, erkannte aber, dass er als Mitglied der Regierung zu weit von Bern entfernt wohnte, und erstellte deshalb ab 1720 nach Plänen des französischen Architekten Joseph Abeille das prunkvolle Schloss Hindelbank mit seinem kunstreichen Garten. Geld war dank einer sehr guten Heirat zur Genüge vorhanden, auch für Sohn Albrecht Friedrich, der gleichzeitig in Jegenstorf die mittelalterliche Burg in ein barockes Schloss umbaute. Damit Vater und Sohn von Schloss zu Schloss immer Sichtkontakt hatten, liessen sie eine Schneise in den Wald schlagen. Nach Bern fuhr Hieronymus von Erlach vierspännig, und als man ihm das als grossspurig vorhielt, wechselte er auf ein Sechsergespann. Es waren allerdings nicht viele Fahrten nötig, in Bern hatte er ja den Erlacherhof, Schloss Hindelbank war nur der Sommersitz …

Es ist eine Ironie der Geschichte, dass der Kanton Bern 1866 ausgerechnet im pompösen Schloss eine Frauenverpflegungsanstalt für Notarme einrichtete. Ab 1895 wurde das Schloss zur Zwangsarbeitsanstalt für Frauen, und heute ist es das einzige Frauengefängnis in der deutschsprachigen Schweiz. Es sind dort etwa 100 Insassinnen untergebracht, allerdings längst nicht mehr im schönen Schloss, sondern in verschiedenen Neubauten. Das Schloss dient nun der Gefängnisverwaltung als Sitz.

Adresse Von Erlachweg 2, 3324 Hindelbank | **ÖV** ab Bahnhof Hindelbank Bus 451 bis Haltestelle Hettiswil Kreuz, anschliessend zehn Minuten zu Fuss | **Öffnungszeiten** nur von aussen zu besichtigen | **Tipp** Jederzeit zugänglich und einen Besuch wert ist das Grabmal von Hieronymus von Erlach in der Kirche von Hindelbank. Es ist wesentlich pompöser als das berühmte Grabmal für die Pfarrersfrau (siehe Ort 45) und soll auch zwölfmal mehr gekostet haben.

45 Das Maria-Langhans-Grabmal

Da machte sogar Goethe einen Umweg

Eigentlich hielt sich der deutsche Bildhauer Johann August Nahl (1710–1781) im Jahre 1751 nur deshalb in Hindelbank auf, weil er den Auftrag erhalten hatte, ein Grabmal für den kaiserlichen Feldherrn und Schultheissen Hieronymus von Erlach (siehe Ort 44) zu schaffen. Während seines Aufenthalts boten ihm die jungen Pfarrersleute Langhans Unterkunft, und es entstand offenbar eine enge persönliche Beziehung zwischen ihnen und ihrem Gast. Deshalb wird es Nahl sehr getroffen haben, als die Pfarrersfrau am Samstag vor Ostern im Alter von nur 28 Jahren bei der Geburt ihres ersten Kindes verstarb. Auch das Kind überlebte die Geburt nicht.

Nahl schuf in der Folge ein Grabmal, das aus einem einzigen Stein gehauen ist und eine Grabplatte zeigt, die in drei Stücke zerbrochen scheint. Aus der Bruchstelle ragen der Kopf der verstorbenen Mutter und das Kind hervor, wobei das Kind seine Arme gen Himmel streckt. Damit soll die Auferstehung angedeutet und so den Hinterbliebenen Trost gespendet werden: Man wird sich dereinst wiedersehen.

Das Grabmal der Maria Magdalena Langhans machte den Zeitgenossen tiefsten Eindruck und war in der zweiten Hälfte des 18. und zu Beginn des 19. Jahrhunderts eine berühmte Sehenswürdigkeit. Es kam zu einem regelrechten Hindelbank-Tourismus, der auch eine grosse Nachfrage nach Souvenirs auslöste. Es wurden Miniaturnachbildungen angefertigt, die man beim Besuch oder andernorts kaufen konnte. Vor dem Grabmal fand sich auch viel Prominenz ein, so Goethe, Schillers Ehefrau oder Arthur Schopenhauer.

Weil es durch einen Holzdeckel geschützt war, blieb es glücklicherweise verschont, als die Kirche 1911 durch einen Brand stark beschädigt wurde. Wenn Besucher das Grabmal sehen wollten, hatte der Sigrist den schweren Holzdeckel anzuheben. Sein Trinkgeld soll etwas höher ausgefallen sein, wenn er beim Anheben besonders laut ächzte …

Adresse Kirchweg 1, 3324 Hindelbank | ÖV ab Bahnhof Hindelbank 15 Minuten zu Fuss | Öffnungszeiten täglich 8–18 Uhr | Tipp Ganz in der Nähe, in Hettiswil, kann Sandro Del-Pretes originelles Illusoria-Land, das ein Museum und eine Galerie für optische Täuschungen und Holografie beherbergt, besucht werden (Hindelbankstrasse 33, www.illusoria-land.com).

46 Der Skulpturenpark

Bernhard Luginbühls spektakuläres Gesamtkunstwerk

Zwar wurde der 2011 verstorbene Metzgersohn Bernhard Luginbühl 1929 in Bern geboren, da er aber seit 1966 mit seiner Familie in Mötschwil lebte, darf ihn das Emmental als einen der Ihrigen betrachten. Mit seiner Bodenständigkeit, die er auch als international erfolgreicher Künstler nie verloren hat, passte er gut hierher.

Sein beruflicher Werdegang begann mit einer Bildhauerlehre, gefolgt vom Besuch der Kunstgewerbeschule. Stein und Gips gab er bald auf, wie sein Freund Jean Tinguely wurde er vom Eisen-Virus gepackt und arbeitete vor allem als Eisenplastiker. Sein Arbeitsmaterial fand er auf Schrottplätzen und in stillgelegten Industrieanlagen, wo ihn die Ästhetik der Maschinen und ihre Monumentalität faszinierten.

Davon zeugen die Eisenplastiken, die heute im Skulpturenpark zu sehen sind. Luginbühl hat ihn 1998 auf seinem Privatgelände in Mötschwil eröffnet und gleichzeitig in die Bernhard Luginbühl Stiftung überführt. Dieser Park, der mit Pflanzen, Bäumen und Plastiken ein spektakuläres Gesamtkunstwerk darstellt, entspricht Luginbühls Anliegen, seine Kunst nicht nur hinter Glas und in Museen zu zeigen. Und man muss auch kein Kunstsachverständiger sein, um zu staunen und zu bewundern, was Luginbühl hier zusammen mit seiner Familie erschaffen hat. Mit offenem Mund steht man zum Beispiel vor dem Katharinenrad, einem ehemaligen Antriebsrad aus der Eisengiesserei Von Roll, und fragt sich, wie es Luginbühl schaffte, diese 52 Tonnen nach Mötschwil zu transportieren. Dabei kokettierte er immer mit der Behauptung, seine Objekte seien ja eigentlich Miniaturen; sie würden nur deshalb gross erscheinen, weil die anderen Künstler so kleine Sachen machten … Im Blick auf die sicher über 100 Plastiken im Park glaubt man sofort einer anderen Aussage Luginbühls, wonach er jeden Tag eine Tonne Eisen, auf jeden Fall aber mindestens 100 Kilo anschleppte.

Adresse Dorf 20c, 3324 Mötschwil | ÖV ab Bahnhof Hindelbank 25 Minuten zu Fuss | Öffnungszeiten Infos unter www.luginbuehlstiftung.ch | Tipp Es war ein glücklicher Zufall, dass die Stadt Burgdorf dem Metzgersohn Luginbühl das ehemalige Schlachthaus an der Metzgergasse 15 als Ausstellungsort zur Verfügung stellen konnte. Dort sind nun bildhauerische und grafische Werke von ihm und von befreundeten Künstlern und Künstlerinnen zu sehen (www.luginbuehlbernhard.ch).

47 Das Hornussen

Eine unschuldige Leibesübung

Wer nach einer typisch emmentalischen Sportart sucht, stösst unweigerlich auf das Hornussen. Das Emmental stellt denn auch ein Drittel der 200 Vereine und der 6.000 Aktiven, die diesem Sport nachgehen.

Und wer hat das Spiel erfunden? Eventuell ein Emmentaler. Tatsache ist jedenfalls, dass es hier 1625 erstmals aktenkundig wurde, und zwar in Lauperswil. Dem Hornussen war hier am Sonntagmorgen während der Kinderlehre und dem Gottesdienst gefrönt worden, was zu einem Verfahren vor dem Chorgericht geführt hatte. Dieses Problem scheint sich mehrfach gestellt zu haben, auf jeden Fall teilte die bernische Regierung den Landvögten Folgendes mit: Obgleich das Hornussen an sich eine unschuldige Leibesübung sei, die weniger Ärgernis als andere Spiele nach sich zöge, so wolle die Regierung dennoch, dass damit nicht der Gottesdienst versäumt oder entheiligt werde. Das Hornussen sei deshalb während des Gottesdienstes verboten.

Man vermutet, dass das Hornussen aus einem Kriegsspiel hervorgegangen ist und zur Erwerbung einer gewissen Kriegstüchtigkeit diente.

Es stehen sich jeweils zwei Mannschaften mit je 18 Mann gegenüber. Ziel ist es, den Hornuss mit einem Schläger möglichst weit ins gegnerische Feld zu schlagen. Bei Spitzenspielern sind das mehr als 300 Meter. Weil die Länge aller Schläge einer Mannschaft schlussendlich ausschlaggebend ist, versucht die verteidigende Mannschaft, den Hornuss mit Holzschindeln vorzeitig abzufangen. Auf keinen Fall sollte der Hornuss das Feld aber vor einer Holzberührung erreichen, sonst gibt es ein sogenanntes Nummero.

Eine der absoluten Spitzenmannschaften der letzten Jahre und mehrfacher Schweizermeister ist das Team aus Höchstetten. Seine Erfolge, von denen die vielen Pokale im Hornusserhaus zeugen, schreibt der Verein der engagierten Nachwuchsförderung, einigen Transfers und der guten Vereins- und Mannschaftsführung zu.

Adresse Hornusserhaus, 3429 Höchstetten | **Anfahrt** ab Heinrichswilstrasse bei Schnabelweid rechts abbiegen und zum Hornusserplatz weiterfahren | **Öffnungszeiten** Spielplan unter www.hghoechstetten.ch | **Tipp** Eine weitere für das Emmental typische Sportart ist das Platzgen, bei dem ein Wurfkörper aus Stahl möglichst nahe an einem 17 Meter entfernten Ziel landen sollte. Informationen dazu findet man auf der Website des Verbandes (www.platzgen.ch).

48 Der E-Bike-Pionier

Not machte erfinderisch

Für den Velofahrer, der es gern gemütlich hat, ist das Emmental kein einfaches Gelände, häufig geht es auf und ab, manchmal recht stotzig. Das stellte auch Philippe Kohlbrenner fest, der oben auf der Lueg wohnte, unten in Oberburg arbeitete und seinen Arbeitsweg mit dem Velo zurücklegen wollte. Die jeweils 300 Höhenmeter, die er überwinden musste, wurden ihm bald zu viel. 1993 entschloss er sich deshalb, sein Fahrrad zu motorisieren: Er montierte den Scheibenwischermotor eines Lastwagens, den er mit einer Autobatterie antrieb, an sein Rad. Die Leistung des Motors kontrollierte er mit einem Amperemeter, und zum Starten diente ein Kippschalter am Lenkrad. Dieses allererste E-Bike nannte er wegen der roten Rahmenlackierung und der nach oben gedrehten Handgriffe «Roter Büffel».

Dieser Prototyp eines E-Bikes ist heute bei der FLYER AG in Huttwil ausgestellt. Weil die früheren Produktionsräume in Kirchberg zu klein geworden waren, erfolgte 2009 der Umzug in den eleganten Neubau. Heute ist die FLYER AG der wichtigste Arbeitgeber der Region, und die rund 350 Angestellten stellen pro Tag bis zu 480 E-Bikes her. Seit 1993 sind sie natürlich eleganter und leistungsfähiger geworden. Die E-Bikes werden in Huttwil aber nicht nur produziert, man kann sie auch Probe fahren oder mieten.

Seit mit elektrischer Unterstützung pedalt werden kann, ist das Emmental zum regelrechten E-Bike-Paradies geworden. Unter www.huegu-himu.ch findet man sechs beschilderte E-Bike-Routen, die auf über 450 Kilometern durchs Emmental führen. Die teilweise deutlich mehr als 1.000 Höhenmeter sind dabei mit E-Bike-Unterstützung gut zu bewältigen. Auch drei der insgesamt 21 Schweizer Herzrouten berühren das Emmental.

E-Bike-Pionier Philippe Kohlbrenner stellt übrigens in seinem Kleinbetrieb in Häusernmoos auch heute noch E-Bikes her, nun aber auf dem neuesten technischen Stand.

Adresse FLYER AG, Schwende 1, 4950 Huttwil | ÖV ab Bahnhof Huttwil Bus 492 bis Haltestelle Schwende | Öffnungszeiten Infos unter www.flyer-bikes.com | Tipp Alle E-Bike-Vermietstationen im Emmental sind unter www.rentabike.ch zu finden. In Burgdorf liegt die Station an der Bucherstrasse 6 beim Bahnhof.

49 Die ehemalige Mühle

Ein (früher) ganz teures Pflaster

Wenn man von Burgdorf Richtung Fraubrunnen fährt, erblickt man ausgangs Kernenried auf der linken Seite ein älteres, repräsentatives Gebäude, dessen Funktion man sich nicht auf Anhieb erklären kann. Die Nähe zur Urtenen, die dort die Strasse quert, lässt aber die Vermutung aufkommen, dass es sich um eine ehemalige Mühle handeln könnte. Ein Mühlstein vor dem Haus bestätigt die Vermutung, und beim Näherkommen sieht man dann auch, dass ein gewölbter Durchgang mit einem mächtigen Rundbogen aus Sandstein noch zeigt, wo der ehemalige Mühlebach, der von der Urtenen abzweigte, das Mühlrad angetrieben hat.

Neben dem gediegenen Gebäude der Mühle von 1888 fällt die sehr sorgfältige Pflästerung auf dem ganzen Areal auf. Wie der heutige Liegenschaftsbesitzer erzählt, ist sie jüngeren Datums als die Mühle. Die Steine stammten von der berühmten Bahnhofstrasse in Zürich, berichtet er, sein Grossvater habe sie dort gratis abholen können und nur für die Transportkosten aufkommen müssen, Italiener hätten sie dann verlegt.

Vor ein paar hundert Jahren könnte der Besitzer der Mühle auch der Burgherr gewesen sein. Auf einer benachbarten Parzelle stand nämlich einst die um 1200 erstellte Wasserburg der Herren von Kerren. Allerdings nicht sehr lange. Kuno von Kerren hatte ungeschickterweise die Stadt Bern hintergangen, die sich das nicht bieten liess. Sie belagerte die Burg im Mai 1318 zehn Tage lang und zerstörte sie auch gleich. Immerhin zeigten sich die Berner gemäss dem Chronisten gnädig «und taten in kein leid an dem libe». Die Burginsassen hätten aber auch gebettelt: «… lieben herren von Bern, sind uns armen siglosen lüten genedig!»

Die Burgruine diente in der Folge als Steinbruch, und die letzten Überreste wurden nach Ausgrabungen im Jahre 1949 ganz abgetragen. Heute erinnert nur noch der Kernenrieder Burgweg daran, dass die Gemeinde einst Standort einer Burg war.

Adresse Hauptstrasse 33, 3309 Kernenried | **ÖV** ab Bahnhof Fraubrunnen Bus 465 bis Haltestelle Zauggenried | **Öffnungszeiten** Privatgelände, bitte Landwirtschaftsbetrieb nicht stören | **Tipp** Im Unterschied zur Kernenrieder Burg steht das Schloss Fraubrunnen noch. Es war allerdings nicht immer ein Schloss. 1246 wurde es von den Grafen von Kyburg, die auf Schloss Burgdorf residierten, als Zisterzienserinnenkloster gegründet.

50_Das Tschiffeligut

Ein Anwalt als Agrarrevolutionär

Als der Berner Fürsprecher Johann Rudolf Tschiffeli (1716–1780) um 1765 in Kirchberg seinen gediegenen Landsitz erstellte, hatte er keineswegs nur vor, der damals erwachten Freude am Landleben nachzugehen. Sein Lebensziel war es vielmehr, die seit dem Mittelalter stehen gebliebene und in einem «Reformstau» steckende Landwirtschaft rundum zu erneuern. Diese Absicht verfolgte auch die Ökonomische Gesellschaft Bern, die er 1759 mitgegründet hatte. Es ging darum, die für den Kanton Bern und für das Emmental wichtige Landwirtschaft von der extensiven in eine intensive umzubauen. So ersetzte Tschiffeli den Weidegang durch die Stallfütterung, die durch den Mist und die Jauche der Kühe eine Düngung der Felder und damit eine Bodenverbesserung ermöglichte. Dem gleichen Zweck diente auch das Entwässern und Bewässern der Felder. Weiter propagierte Tschiffeli den Anbau von Klee, Hanf, Flachs, Krapp, Gerste, Hirse und Kartoffeln in grösserem Stil. Als wohl einer der Ersten baute er auch Kohl, Blumenkohl und Spargel auf ausgedehnten Flächen an. Er erprobte zudem verschiedene Methoden zur Überwinterung von Obst und Gemüse, auf seinem Hof wurden auch stets die neuesten landwirtschaftlichen Geräte und Maschinen eingesetzt. Das Wissen, das sich Tschiffeli durch seine Anbauversuche erworben hatte, legte er in Publikationen nieder.

Vom Musterbetrieb, den der «Agrarrevolutionär» Tschiffeli aufgebaut hatte, war auch Heinrich Pestalozzi begeistert: Er absolvierte dort 1767/68 eine neunmonatige Lehre, die in ihm den Entschluss reifen liess, selbst einen modernen Landwirtschaftsbetrieb aufzubauen. Dies geschah, bevor er viele Jahre später auch im Erziehungsbereich zu einem Erneuerer wurde (siehe Ort 17).

Das Tschiffeligut wurde 1965 von seinem neuen Eigentümer sorgfältig restauriert. An Tschiffelis Verdienste erinnert eine Gedenktafel an der Pavillonfassade.

Adresse Chleehof 2, 3422 Kirchberg | ÖV ab Bahnhof Burgdorf Bus 467 bis Haltestelle Kirchberg Grossmatt, anschliessend fünf Minuten zu Fuss | Tipp Ein weiteres, ebenfalls schützenswertes Gebäude steht auf dem benachbarten Chleehof, ein sogenanntes Ofenhausstöckli von 1827. Stöcklis (siehe Ort 37) wurden früher recht häufig über Ofenhäusern erstellt, so wurden zwei Gebäudefunktionen zusammengefasst.

51_Die Gartenbauschule

Ein Ort mit «krimineller» Vergangenheit

«Ein breiter Bau, im Stil des Kantonsarchitekten ausgeführt, teils Bauernhaus, teils Dorfschulhaus, teils Fabrikgebäude.» So beschreibt Friedrich Glauser (1896–1938) in seinem Kriminalroman «Der Chinese» die Gartenbauschule, einen wichtigen Handlungsort seiner Geschichte. Und es ist klar, dass er dabei die Gartenbauschule Oeschberg vor Augen hatte, besuchte er hier doch 1930/31 einen Jahreskurs. Seine Beschreibung ist auch nicht weit von der Darstellung der Denkmalpflege entfernt: «... imposanter, sachlicher Heimatstilbau in Massivbauweise mit mächtigem, geknicktem Walmdach.»

Die Schule war zehn Jahre vor Glausers Kursbesuch als Internat gegründet worden, um einen gesamtschweizerischen Ausbildungsort für die Grüne Branche zu schaffen. Heute ist sie eine bedeutende Bildungsstätte, dient einerseits als Lehrwerkstätte, wo man die gesamte Lehre absolvieren kann, andererseits als Anbieterin höherer Berufsbildung. Man kann dort auch übernachten, was für Wochenkurse ideal ist.

Was die Gartenbauschule neben ihrem schulischen Angebot auszeichnet, ist die grossartige Parkanlage, die das Hauptgebäude umgibt. Geplant wurde sie vom international bekannten Gartenarchitekten Albert Baumann, und das schon 1920, noch bevor das Hauptgebäude stand. Es gibt einen architektonisch gestalteten Parkteil mit Lindenalleen, einem Sommerflorgarten, einem Brunnen, einem Teich- und einem Rosengarten sowie einem Stauden-, Gräser- und Kräutersortiment. Daneben findet man den landschaftlich gestalteten Parkteil, in dem etwa Beet- und Rabattstauden, ein Arboretum, ein Alpinum, ein japanischer Garten, ein Moorbeet und ein Heidegarten zu entdecken sind. Dazu kommt das ganze Umfeld, darunter ein Wildpflanzen-, Obst- und Beerengarten. Die Pflanzensortimente sind angeschrieben und weitere Informationen digital abrufbar. Kein Wunder, wird der schöne Park gern für Hochzeitsapéros genutzt.

Adresse Bern-Zürichstrasse 14, 3425 Koppigen | ÖV ab Bahnhof Wynigen oder Burgdorf Bus 466 bis Haltestelle Oeschberg | Öffnungszeiten Park frei zugänglich, Infos zu Führungen unter www.oeschberg.ch | Tipp An der Bern-Zürichstrasse 28 findet sich ein weiterer Schauplatz des Glauser-Krimis, das ehemalige Restaurant Bären von 1824. Schon zu Glausers Zeiten war dort die Stiftung Friedau untergebracht, die sich seit 100 Jahren um Kinder und Eltern in schwierigen Situationen kümmert.

52 Der Lebensort

Ein Heim für Mägde und Knechte wandelt sich

Bis 1857 die Eisenbahnlinie Bern–Olten eröffnet wurde, war das Gasthaus Sonne an der Bern-Zürichstrasse in Oeschberg, in dem man auch übernachten konnte, ein beliebter Postkutschenhalt. Dann gingen die Gästezahlen zurück, und 1880 musste das Gasthaus geschlossen werden. Seine letzten Eigentümer, die Geschwister Ferdinand und Elise Affolter, die beide keine Nachkommen hatten, vermachten Ländereien und Gebäude 1905 dem Ökonomischen und Gemeinnützigen Verein des Amtes Burgdorf (OGV), mit folgender Auflage: Ehrenwerte weibliche und männliche Dienstboten ohne Fehl und Tadel, mit Treue, Fleiss und solidem Lebenswandel, die in einer Familie im Amt Burgdorf gedient hatten, sollten auf dem Gut angemessene Verpflegung und Versorgung erhalten. Verlangt wurde zudem ein stets rationeller und musterhafter Betrieb von Haus und Hof, und wichtig war den Erblassern schliesslich auch, dass das ansprechende Gepräge der Anlage erhalten blieb. Der OGV handelte rasch, und bereits 1906 konnten die ersten fünf Pensionäre einziehen. In den folgenden Jahrzehnten bot das Heim bis zu 40 Knechten und Mägden Unterkunft. Sie, die ihr Leben lang hart geschuftet hatten, konnten es nun etwas ruhiger angehen lassen und entsprechend ihren noch vorhandenen körperlichen und gesundheitlichen Möglichkeiten auf dem Hof und in der Küche mitarbeiten.

Das Dienstbotenheim Oeschberg – unter diesem Namen war es früher bekannt – kommt seinen testamentarischen Verpflichtungen bis heute nach, allerdings unter geänderten Vorzeichen, da es kaum mehr ledige Knechte und Mägde gibt. Die Idee, dass landliebende Menschen in der ehemaligen «Sonne» ihren Wohn- und Lebensraum haben sollen und im Garten, im Hühnerhof, in der Küche oder auf dem zugehörigen Gutshof gemäss ihren Fähigkeiten tätig sein können, wird aber fortgeführt. Aus dem Dienstbotenheim Oeschberg ist «Oeschberg der Lebensort» geworden.

Adresse Bern-Zürichstrasse 7, 3425 Koppigen | **ÖV** ab Bahnhof Wynigen oder Burgdorf Bus 466 bis Haltestelle Oeschberg | **Öffnungszeiten** Spaziergang über das Gelände mit der gebotenen Rücksichtnahme möglich | **Tipp** Im Hofladen, untergebracht in der benachbarten Scheune, kann man kaufen, was auf dem Gutsbetrieb und im Heim unter Mithilfe der Bewohnerinnen und Bewohner angebaut und hergestellt wird.

53 Das ehemalige Kloster

Nicht nur Mönche leben in Zellen

Der markante Felshügel am Rande von Krauchthal verdankt seinen Namen der vornehmen Familie Thorberg, die im Dienste der Habsburger stand. Die Ehe ihres letzten Vertreters, Peter von Thorberg, blieb kinderlos. Zur Rettung seines Seelenheils stiftete er ein Kartäuserkloster. Er vermachte ihm seine Stammburg – den Thorberg – und alle übrigen Besitzungen. Man vermutet, dass er den Hintergedanken hatte, auf diese Weise seine Besitztümer vor der habgierigen Stadt Bern in Sicherheit bringen zu können. Er dachte wohl zu Recht, sie würde es kaum wagen, sich an einem Kloster zu vergreifen. Als Peter im Jahre 1400 starb, war der Bau der Anlage weit fortgeschritten, und er konnte in der Klosterkirche bestattet werden. Dank der vielen Ländereien wurde die Kartause zu einer der grössten und reichsten der Schweiz. Von ihren Gebäuden steht heute nur noch das Gästehaus, die restliche Anlage stammt aus der Mitte des 18. Jahrhunderts und aus der Neuzeit.

Berns Hemmungen waren verflogen, als es 1528 die Reformation einführte: Alle Klöster wurden aufgelöst, und auf dem Thorberg ist eine Landvogtei eingerichtet worden. Die vorhandenen Mönchszellen erwiesen sich zudem als gut geeignet, um Bedürftige, Kranke und vor allem unerwünschte Personen unterzubringen. Damit war der Weg zur Strafanstalt Thorberg vorgezeichnet, die offiziell 1848 eröffnet wurde. 1913 sollte sie allerdings wieder aufgehoben werden, weil eine Umwandlung in eine moderne Strafanstalt unmöglich schien: «Die allzu häufigen Ausbrüche haben dargetan, dass trotz der scheinbar eisenfesten Mauern und hochragenden Felsen ein gewandter Freiheitsdurstiger den Weg aus seiner Zelle verhältnismässig leicht findet.» Das scheinbar Unmögliche wurde aber doch möglich. Heute ist der Thorberg ein Hochsicherheitsgefängnis für wirklich schwere Jungs. Für einen RAF-Terroristen wurde seinerzeit sogar eine besonders sichere Abteilung installiert.

Adresse Thorberg 48, 3326 Krauchthal | ÖV ab Bahnhof Hindelbank Bus 451 bis Haltestelle Krauchthal Länggasse, anschliessend 15 Minuten zu Fuss | Öffnungszeiten nur für Besucher von Insassen zugänglich | Tipp Wer sehen will, mit welch originellen und selbst gebastelten Ausbruchswerkzeugen Häftlinge früher ihre Freiheit suchten, dem sei ein Besuch im Museum Krauchthal empfohlen (www.museumkrauchthal.ch).

54 Die Fluehüsli

Die letzten Höhlenbewohner

Ein Nebenarm des Aaregletschers hat in einer früheren Eiszeit im Lindental zwei recht mächtige Höhlen zurückgelassen, und Höhlen waren damals für Mensch und Tier immer begehrte Unterkunftsmöglichkeiten. Deshalb nimmt man an, dass die Höhlen im Lindental bereits in der Steinzeit bewohnt waren. Auf jeden Fall fand man dort 1907 ein Steinbeil, das vor 3.800 bis 5.000 Jahren von Menschen gefertigt worden war. Auch in römischer Zeit dürften sich Bewohner in den beiden Höhlen aufgehalten haben.

Ganz sichere Kunde von Siedlern hat man ab 1565: Ein Bürger aus Krauchthal erhielt in diesem Jahr die amtliche Erlaubnis, in einer der Höhlen eine Wohnung einzurichten. Seither waren die Höhlen durchgehend bewohnt.

Die Lage ist gar nicht mal so schlecht, frühmorgens und bis gegen Mittag kann man die Sonne geniessen. Dass sie dann verschwindet, spielt keine Rolle, weil die Häuser sowieso nur an der Vorderfront Fenster haben. Die Wohnverhältnisse waren früher allerdings bescheiden. Erst 1946 kam der Anschluss ans elektrische Netz, und weitere fünf Jahre dauerte es, bis 1951 eine elektrische Pumpe Wasser ins Haus brachte. Seit eine frühere Quelle versiegt war, hatte man das Wasser mit Milchkannen mühsam bergauf tragen müssen. Die damaligen Bewohner waren Selbstversorger und verfügten deshalb auch über Ställe.

Die heutigen Besitzer des einen Hauses, eine Familie mit einem Kind, lebten bis vor zehn Jahren in Bern. Sie hatten ursprünglich den Kauf von Stockwerkeigentum geplant, stiessen dann aber im Internet auf das Fluehüsli. Es biete mehr Unabhängigkeit als eine Eigentumswohnung, vor allem von direkten Nachbarn, ausserdem befriedige es die eigenen ökologischen Ansprüche, schildern sie ihre Eindrücke. Man schätze vor allem auch die Nähe zur Natur, die entschleunigend wirke. Wenn man mal zu Hause sei, könne man nicht so einfach schnell wieder weg.

Adresse 3326 Krauchthal | **ÖV** ab Bahnhof Hindelbank Bus 451 bis Haltestelle Krauchthal Länggasse, anschliessend 15 Minuten zu Fuss | **Tipp** Ein Wanderweg führt direkt am ersten Fluehüsli vorbei, und mit etwas Glück begegnet man auf dem Weg nach Boll sogar Gämsen, die im Lindental seit 100 Jahren wieder heimisch sind.

55 Das Lindezytli

Eine vielseitig einsetzbare Glocke

Man versteht die Denkmalpflege des Kantons Bern, wenn sie das ungewöhnliche Objekt im Dorfteil Hettiswil wie folgt beschreibt: «Äusserst pittoreskes, einzigartiges Wahrzeichen, das für das Ortsbild von unschätzbarem Wert ist.«

In der unmittelbaren Nachbarschaft des liebevoll «Lindezytli» genannten Turmhäuschens befand sich einst ein kleines Kloster, das 1107 gegründet worden war und dem Cluniazenserorden unterstand. Zwar war es mit vielen Reliquien ausgestattet worden, so mit einem Splitter vom Kreuz Jesu und mit Überresten von drei Jüngern, 13 Märtyrern und drei Jungfrauen, blieb aber immer klein und arm. Daran änderte auch ein Wunder nichts: Am 27. April 1281 betete Graf Eberhard von Habsburg in der Kirche vor den Reliquien und sah plötzlich grossen Schweiss vom Bildnis des gekreuzigten Herrn fliessen. Dem reaktionsschnellen Prior gelang es, einige Tropfen in einem Glas aufzufangen. Den erhofften Aufschwung brachte aber auch diese neue Reliquie nicht, und 1528 wurde das Kloster – wie alle Klöster im Kanton Bern – im Zuge der Reformation aufgehoben.

Übrig geblieben ist nur die Klosterglocke, die dem Kloster 1495 von der Stadt Solothurn geschenkt worden war. Nachdem sie nach der Reformation nicht mehr die Mönche zum Gebet zu rufen hatte, soll sie vorübergehend als Marktglocke in Bern gedient haben. Nach ihrer Rückkehr ins Dorf erhielt sie eine neue Funktion: als Alarmglocke bei Feuerausbrüchen und als Zeitanzeige. Zu diesem Zweck hing die 55 Kilo schwere Glocke zunächst nur an einer Linde, bis sie um 1830 in den Turm des neu erstellten Feuerwehrmagazins gehängt werden konnte. Der Turm wies auch eine Uhr auf, bis 1965 allerdings nur mit einem Stundenzeiger. Mit dem Erlös eines Lindezytli-Festes konnten ein neues Zifferblatt und nun auch ein Minutenzeiger angebracht werden. Und so weiss man in Hettiswil seither ganz genau, was es geschlagen hat.

Adresse Dorfstrasse 16, 3325 Hettiswil bei Hindelbank | ÖV ab Bahnhof Hindelbank Bus 451 bis Haltestelle Dorf | Tipp Westlich von Krauchthal, auf 730 Meter Höhe, liegt der Wachthubel, früher Standort eines der vielen Höhenfeuer zur Alarmierung. Gefeuert wird heute immer noch, es ist nun eine beliebte Brätlistelle mit schöner Aussicht auf das Dorf.

56 Der Sandsteinpfad

Als noch die 60-Stunden-Woche galt

Steinbauten waren in unserer Gegend im Mittelalter keine Selbstverständlichkeit, auch Burgen wurden bis 1200 nur aus Holz erstellt. Solange es noch keine Feuerwaffen gab, konnte Holz den Verteidigungsansprüchen auch einigermassen genügen. Um grössere Kirchen zu errichten oder um Städte zu befestigen, war aber ein anderes Baumaterial nötig, und so begann man, den um Burgdorf und gerade auch in Krauchthal reichlich vorhandenen Sandstein abzubauen. Wann das hier genau der Fall war, ist nicht bekannt, sicher ist aber, dass Krauchthaler Sandstein bei der Grundsteinlegung des Berner Münsters 1421 verwendet wurde. Wegen eines Unglücks weiss man auch, dass der Sandstein für Schloss Hindelbank (siehe Ort 44) aus Krauchthal stammte: 1710 wurden mehrere Arbeiter durch herabfallendes Gestein verschüttet, sechs von ihnen starben. Einer der Arbeiter hinterliess eine Ehefrau mit einem dreiwöchigen Kind. Der Erbauer des Schlosses, Hieronymus von Erlach, liess ihr eine grosszügige Entschädigung zukommen.

Die Steinbrecherei war für Krauchthal lange ein wichtiger Wirtschaftszweig. Anfang des 20. Jahrhunderts waren immer noch etwa 16 Männer in den verschiedenen Steinbrüchen tätig, 60 harte Stunden pro Woche. Bis heute wird gelegentlich Sandstein abgebaut. Vor allem für Renovationen wird er weiter geschätzt, zum Beispiel für Arbeiten an der Kathedrale in Lausanne oder an der Heiliggeistkirche in Bern.

So ist es kein Zufall, dass gerade in Krauchthal ein Sandsteinpfad eingerichtet wurde. Auf einem etwa einstündigen, auch botanisch interessanten Rundgang zu vier stillgelegten Steinbrüchen erfährt man viel über dieses Gewerbe. Man passiert dabei den «Hexenstein», einen Findling aus dem Allalingebiet, den der Rhonegletscher hierherverfrachtet hat. Man bewegt ihn besser nicht: Unter ihm soll nämlich eine Hexe begraben sein, die Kinder vergiftet hat.

Adresse Start an der Dieterswaldstrasse, 3326 Krauchthal, www.museumkrauchthal.ch | ÖV ab Bahnhof Hindelbank Bus 451 bis Haltestelle Krauchthal Post, anschliessend zehn Minuten zu Fuss | Anfahrt Auto auf dem Parkplatz Schulhaus Rüedismatt abstellen | Tipp Wer einen zusätzlichen kleinen Aufstieg nicht scheut, kann die Rundwanderung für einen Besuch des 1929 erstellten Kreuzfluh-Pavillons unterbrechen und die schöne Aussicht von dort geniessen.

57 Das älteste Holzgebäude

Wo schon das Gebäude ein Ausstellungsstück ist

Museumsbauten sind häufig Prestigebauten, für deren Planung und Realisierung man bekannte Architekten beizieht. Die Gemeinde Langnau hatte das nicht nötig, als sie 1981 ihr Chüechlihus für das damals schon in einigen Räumen präsente Regionalmuseum zur Verfügung stellte. Für diese Zweckbestimmung ist das Gebäude geradezu ideal, ist es doch selbst ein Ausstellungsobjekt. Erstellt wurde es nämlich bereits 1526, und damit ist es das älteste, weitgehend original erhaltene Holzgebäude der Region. Trotz Umbauten konnte es sein mittelalterliches Aussehen auch im Innern bis heute bewahren.

Ursprünglich scheint das Gebäude als Gewerbe- und Handelshaus errichtet worden zu sein, in späteren Jahren diente es unter anderem als Käselager, Töpferei und Lagerraum. Und bevor dort auch noch die Gemeindeschreiberei untergebracht war, wurde bis 1956 ein Kaffee- und Teehaus betrieben, das offenbar weitherum bekannte Chüechli, ein Fettgebäck, im Angebot hatte, was dem Haus seinen heutigen Namen gab.

Heute vermittelt das vielleicht grösste und vielfältigste Regionalmuseum der Schweiz in 25 Räumen lebendige Einblicke in das Kulturerbe des Oberemmentals, von der Alpkäserei und der Küferei über die Keramik- und Glasproduktion bis zum Leinwand- und Käsehandel, der hier insbesondere im 18. Jahrhundert zu einer wirtschaftlichen Blütezeit führte (siehe Ort 59). Einige Räume sind bekannten Persönlichkeiten gewidmet, etwa dem «Wunderdoktor» Michel Schüppach, dem Bundesrat Carl Schenk (siehe Ort 84) oder der Dichterin Elisabeth Müller, die vor allem für ihre Kinder- und Jugendbücher wie «Die sechs Kummerbuben» bekannt ist. Aber auch den für die Region bedeutenden Schlittschuhclub Langnau (siehe Ort 65) findet man in der Ausstellung. Ausserdem gibt es besondere Angebote für Kinder und Jugendliche, die das Chüechlihus und die Geschichte erlebbar machen und mit der Gegenwart verbinden.

Adresse Bärenplatz 1, 3550 Langnau im Emmental | **ÖV** ab Bahnhof Langnau sieben Minuten zu Fuss | **Öffnungszeiten** Infos unter www.regionalmuseum-langnau.ch | **Tipp** Die glorreichen Zeiten Langnaus um 1800 werden auch bei einem Dorfrundgang ohne Weiteres ersichtlich. Den Rundgang kann man allein, geführt oder online unternehmen (www.langnau-ie.ch, www.langnau-guide.ch).

58 Die Glockengiesserei

Ein Bundesrat hat eine wohlklingende Idee

1730 begann ein Landwirt im Bärau, im Nebenerwerb Uhrenschalen herzustellen. 1790 erweiterte er sein Sortiment um Kuhglocken, und sie werden dort noch immer hergestellt. Dabei wäre der Urheber sicher überrascht, wenn er erfahren würde, dass diese Kuhglocken heute auch in Südafrika, den USA, Kanada, Australien und anderen Ländern Abnehmer finden. Der Export hat in den letzten Jahren wegen des Verkaufs über das Internet stark angezogen. Dabei hat der Kunde die Möglichkeit, sich auf der Website der Firma anzuhören, wie die einzelnen Glocken klingen.

Es ist immer ein Zeichen des Erfolgs, wenn man Nachahmer auf den Plan ruft. Ihnen fehlt aber häufig das nötige Wissen, um die Qualität der Berger-Glocken zu erreichen. Schon die Zusammensetzung des Sandes, der für die Herstellung der Glockenform benötigt wird, ist ein wichtiges, über Generationen weitergegebenes Betriebsgeheimnis.

Glocken sind für die Weidetiere auf der Alp bis heute wichtig. Anhand des Glockengeläuts können verirrte Tiere wiedergefunden werden, und Glocken haben auch eine Alarmfunktion: Wenn der Hirte aufgeregtes Gebimmel hört, weiss er, dass Gefahr im Verzug ist. Mit ihren schönen Lederriemen dienen die Kuhglocken heutzutage aber nicht mehr nur dem Hirten, sie sind auch zu Dekorationsobjekten geworden. Bei Exporten ist unabdingbar, dass auf dem Riemen mindestens ein Edelweiss zu sehen ist. Das Glockensortiment geht aktuell weit über Kuhglocken hinaus: Hergestellt werden zum Beispiel auch Schiffsglocken, Hausglocken oder Tischglocken.

Der Familienbetrieb bietet für Gruppen bis zu 35 Personen die Möglichkeit, selbst eine Glocke herzustellen. Die Anregung dazu kam 2005 vom Bundespräsidenten Samuel Schmid, der sich mit dem Gesamtbundesrat überraschend für einen solchen Workshop angemeldet hatte. Er hoffte sicher, sein Gremium würde anschliessend mehr im Gleichklang regieren …

Adresse Glockengiesserei Berger, Bäraustrasse 8, 3552 Bärau, www.swissbells.com | **ÖV** ab Bahnhof Langnau Bus 284 bis Haltestelle Sonne | **Öffnungszeiten** Mo–Fr 7.30–11.30 und 13–18 Uhr, Sa 8–11.30 Uhr | **Tipp** Langnau bietet viele Themenwege an, relativ neu den «Liebespfad», der bei der Bädlibrücke beginnt und an der Ilfis entlangführt. Auf zwölf Tafeln werden Bilder aus Gotthelf-Filmen von Franz Schnyder (siehe Ort 108) mit Originaltexten des Dichters (siehe Ort 68) kombiniert.

59 Die Gourmino AG

Die goldenen Zeiten des Emmentals

Früh schon zeigte sich, dass Käse aus dem Emmental auch ausserhalb des Tals beliebt und gut verkäuflich war. Als haltbares Lebensmittel war er ein idealer Proviant für Heereszüge oder längere Schifffahrten. So entstanden in Langnau und Sumiswald nahe den Alpkäsereien (siehe Ort 31) international tätige Käsehandelsfirmen. Später, mit der Käseproduktion im Tal (siehe Ort 103), kam Burgdorf dazu. Auf dem Höhepunkt des Käseexports gab es allein in Langnau acht Handelsfirmen. Das wirkte sich auch auf die Einwohnerzahlen aus: Nach Bern waren Langnau und Sumiswald um 1800 die bevölkerungsmässig grössten Gemeinden im Kanton! Langnau wurde wohlhabend, und wirtschaftlich gesehen war das Emmental damals führend im Kanton Bern.

Die Exporte gingen in den letzten Jahrzehnten zurück, der Schweizer Emmentaler wurde gegenüber der ausländischen Konkurrenz zu teuer. Heute gibt es in Langnau nur noch eine einzige Käsehandelsfirma, die von Käsern selbst gegründete Gourmino AG. Sie lagert in ihren Kellern in Langnau und Reichenbach im Kandertal die Käselaibe von 25 Käsereien, von denen 13 ihre gesamte Produktion an die Gourmino AG verkaufen. Der Emmentaler, der schon in den Käsereien drei Monate lagert, reift in den Gourmino-Kellern weitere sechs bis 24 Monate heran. Anschliessend geht er in den Verkauf, zur Hälfte ins Ausland, in 25 bis 30 Länder. Die kurzen Wege in der Schweiz, die es erlauben, die Milch in den Käsereien ganz frisch zu verarbeiten, führen zu einer besseren Milch- und damit auch Käsequalität und ermöglichen es, den Käse im Ausland als Spezialität unverpackt an der Theke anzubieten.

In den Kellern der Gourmino AG liegen etwa 6.000 Käselaibe, die Emmentaler zu je circa 100 Kilogramm, dem Normalgewicht für einen Emmentaler aus Talkäsereien. Zu diesem hohen Gewicht kam es seinerzeit, weil für die Zollgebühren in Russland die Stückzahl und nicht das Gewicht massgebend war …

Adresse Dorfbergstrasse 3b, 3550 Langnau im Emmental | **ÖV** ab Bahnhof Langnau sieben Minuten zu Fuss | **Öffnungszeiten** Führungen durch die Keller der Gourmino AG möglich, Anmeldung unter info@erlebnisverlag.ch | **Tipp** Wer mehr über den Käsehandel und das Emmental erfahren möchte, kommt um das äusserst umfangreiche Archiv der Burgdorfer ROTH-Stiftung nicht herum (www.rothstiftung.ch).

60 Das Käpt'n Holger

«Ein Glücksfall für Langnau»

Wenn man sein Lokal seit gerade einmal fünf Jahren betreibt, aber von der Gemeinde bereits den mit 10.000 Franken dotierten Kulturpreis erhält und vom zuständigen Gemeinderat bei der Preisübergabe als «Glücksfall für Langnau» bezeichnet wird, muss man einiges richtig gemacht haben.

2016 haben Jan Wolter und die Brüder Luca und Manuel Stucki die Lokalitäten im ehemaligen Kino Elite übernommen und daraus das Käpt'n Holger gemacht. Es ist zunächst einmal ein Restaurant. Dabei hat man sich dafür entschieden, auf Fleisch ganz zu verzichten. Für die beiden Mittagsmenüs, die jeweils zur Auswahl stehen, werden unter dem Namen «Zum Topf» saisonale und möglichst regionale biologische Produkte verwendet und frisch zubereitet. Am Abend beschränkt sich das Essen auf Snacks, wenn nicht zum Beispiel ein Raclette-Essen draussen im Zelt angesagt ist. Auch ein Catering wird von der Küche angeboten.

Das Kulinarische und die Getränke sind aber nur die eine Hälfte des Angebots und nicht der Hauptgrund dafür, dass das Käpt'n Holger den Kulturpreis erhalten hat. Wichtiger ist das sehr weit gefasste Kulturprogramm, das im Lokal veranstaltet wird: Da gibt es Konzerte, für die die Beiz in einen Konzertsaal umgewandelt wird, aber auch Lesungen, Spieleabende, Bier-Degustationen, Salsa-Nights, Oldies-Discos, Jazz-Partys oder was den drei Leitern und ihrem rund 15-köpfigen Team sonst noch so einfällt. Man will auf jeden Fall verhindern, dass sich Routine einschleicht.

Diese Anlässe ziehen natürlich ein bunt gemischtes Publikum jeden Alters an, und das Integrierende und Gemeinschaftsfördernde war denn auch ein wichtiger Grund für die Preisverleihung durch die Gemeinde. Der zuständige Gemeinderat meinte in seiner Laudatio, er kenne nur drei Orte, wo Menschen unterschiedlicher Couleur zusammenkämen: bei der Klassenzusammenkunft, im Gemeinderat und im Käpt'n Holger.

Adresse Dorfstrasse 29, 3550 Langnau im Emmental, www.kaeptnholger.ch | ÖV ab Bahnhof Langnau fünf Minuten zu Fuss | Öffnungszeiten Di–Sa 8–0.30 Uhr, So 10–19 Uhr | Tipp Wer eher das Traditionelle sucht, der ist in Langnau im historisch bedeutenden Gasthof Bären gut aufgehoben. In diesem Haus führte der seinerzeit international bekannte Wunderdoktor Michel Schüppach (1707–1781), der auch von Goethe aufgesucht wurde, einige Jahre lang seine Praxis.

61 Die Langnauer Keramik

Das Emmentaler Sonntagsgeschirr

Wärme und Geschirr braucht jeder Mensch, für beides war früher der Hafner zuständig, und weil es in fast jedem Haus Kachelöfen und Geschirr gab, gab es auch viele Hafner. In Langnau waren es um 1800 bei 3.000 Einwohnern mehr als 50, die aber nicht nur für Langnau produzierten. Die Blütezeit der Langnauer Keramik fiel in die Jahre 1720 bis 1850 und damit in jene Zeit, die wegen des florierenden Leinwand- und Käsehandels (siehe Ort 59) und wegen des international bekannten «Wunderdoktors» Michel Schüppach auch die Hochzeit von Langnau war. Es existierte eine Käuferschaft, die sich aufwendig gestaltetes Geschirr leisten konnte, Geschirr, das so schön war, dass es selten auf den Tisch kam, sondern eher in einer Vitrine präsentiert wurde. Dieses «Sonntagsgeschirr» war mit Pflanzenornamenten und Tieren, aber auch mit Menschen, Kirchen und Schlössern, Landschaften oder Szenen aus dem täglichen Leben bunt verziert. Mit der Zeit wurden sie durch Sprüche ergänzt, die einen moralischen, religiösen, aktuellen oder heute politisch nicht mehr korrekten Inhalt haben konnten: «Lieber will ich ledig läben, als der Frau die Hosen gäben.» Neben der «Repräsentationsware» brauchte man natürlich auch einfacheres und günstigeres Alltagsgeschirr. Auch dafür waren Langnau und das Emmental ein wichtiges Zentrum.

Und da Hafner zum Brennen ihrer Ware auf Holz angewiesen waren, trugen sie – zusammen mit den Glasproduzenten und den Flössern (siehe Ort 32) – zur Rodung grosser Waldgebiete bei.

Der sorgsame Umgang mit dem qualitätsvollen Langnauer Geschirr führte dazu, dass es heute in Museen gut vertreten ist. Die umfangreichste Sammlung findet sich im Chüechlihus (siehe Ort 57), darunter einige besonders aufwendig gestaltete Suppenschüsseln, die gemäss dem bekannten Keramikexperten Dr. Andreas Heege häufig «die Krönung der Sonntags- oder Festtafel» waren.

Adresse Regionalmuseum Chüechlihus, Bärenplatz 1, 3550 Langnau im Emmental | **ÖV** ab Bahnhof Langnau sieben Minuten zu Fuss | **Öffnungszeiten** Infos unter www.regionalmuseum-langnau.ch | **Tipp** Eine wichtige Sammlung von Langnauer Keramik findet sich auch im Museum Schloss Burgdorf. Sie ist so gross, dass nur ein Teil überhaupt ausgestellt werden kann.

62 Die Märkte

Wenn sogar die Kinder schulfrei haben

Ausserhalb der Städte, die eifersüchtig darüber wachten, dass ihren eigenen Märkten auf dem Land keine Konkurrenz erwuchs, gab es im Emmental nur ein einziges Dorf, das dauernd das Recht hatte, ebenfalls Märkte durchzuführen: Langnau. Es besass dieses Recht seit mindestens 1467. In diesem Jahr wurde das Langnauer Marktrecht erstmals urkundlich erwähnt. Vermutlich fanden aber vorher schon Märkte statt. Langnau war weit genug von Bern, Burgdorf und Thun entfernt, um ihnen nicht zu viele Kunden wegzunehmen.

Während andernorts die Bedeutung der Warenmärkte in den letzten Jahren zurückging, sind die sechs jährlichen Märkte in Langnau immer noch ein wichtiges Dorfereignis, was sich zum Beispiel auch daran zeigt, dass die Kinder an diesen sechs Tagen schulfrei haben. Es wird sogar berichtet, dass sich die Emmentaler Familien sieben Mal im Jahr träfen: einmal an Weihnachten und sechsmal am Langnauer Markt.

Was sich allerdings in den letzten Jahrzehnten geändert hat, ist das Warenangebot, das früher natürlich mehr auf die ländliche und die in der Landwirtschaft tätige Bevölkerung ausgerichtet war. Der Knecht, mit dem Rucksack am Rücken und dem Stumpen im Mund, ist fast ganz aus dem Marktbild verschwunden. Noch gibt es aber Waren, deren Funktion sich den meisten Marktbesuchern kaum erschliessen dürfte: etwa sogenannte Hornführer, die dafür sorgen sollen, dass die Hörner der Kälber nach oben und nicht nach aussen wachsen, oder Geburtshelferketten für Kühe und Schafe. Auch für Glockenriemen oder Vieh- und Pferdeschermaschinen werden die wenigsten Marktgänger Verwendung haben. Der zuständige Marktchef kümmert sich darum, dass das Waren- und Verpflegungsangebot an den 160 bis 180 Marktständen qualitativ gut und vielfältig bleibt. Es seien noch mehr Anfragen für Standplätze vorhanden, man wolle aber verhindern, dass die überall zu kaufende «Massenware» überhandnehme, erzählt er.

Adresse Dorfzentrum, 3550 Langnau im Emmental | ÖV vom Bahnhof Langnau direkt zum Markt | Öffnungszeiten Termine auf der Website der Gemeinde unter www.langnau-ie.ch | Tipp Ein anderes Einkaufserlebnis bietet der Jakob-Markt in der benachbarten Gemeinde Lauperswil. Der Familienbetrieb beschäftigt circa 200 Angestellte und hat es als eines der ganz wenigen Einkaufszentren geschafft, neben den einer Kette angeschlossenen Geschäften sehr gut zu überleben.

63 Der Meteorit von Rafrüti

Ein «himmlisches» Drama in drei Akten

Erster Akt: Zwei Langnauer Jäger sind Anfang Oktober 1856 auf dem Rafrütigrat unterwegs, als sie plötzlich eine riesige Feuerkugel auf sich zukommen sehen. Dem Sausen und Brausen in der Luft folgt ein gewaltiger Donnerschlag. Beide sind zu Tode erschrocken und sehen den Jüngsten Tag gekommen. Der eine wird vom Druck sogar zu Boden geworfen und ist anschliessend so erschüttert, dass er das Erlebte als göttliche Mahnung zur Besserung ansieht und üble Gewohnheiten wie das Fluchen abzulegen gelobt.

Zweiter Akt: 30 Jahre später findet ein Knecht von Landwirt Aeschlimann beim Anlegen eines Kartoffelackers etwas unterhalb von Unter Rafrüti ein Stück Eisen, das einer Kanonenkugel gleicht. Der nicht ganz 20 Kilogramm schwere Eisenklumpen wird nach Hause geschafft und in kalten Wintern im Ofenloch erhitzt, um die Viehtränke vorzuwärmen oder mit einem Tuch umwickelt als Bettflasche zu dienen.

Dritter Akt: 1900 kauft der Posthalter in der Kurzenei dem Landwirt Aeschlimann die Kanonenkugel für fünf Franken ab, nachdem er andere Interessenten überboten hat. Da einer der anderen Interessenten gewisse Verdachtsmomente geäussert hat, lässt der Käufer die Kanonenkugel von Professor Fellenberg in Bern untersuchen. Es zeigt sich, dass es sich bei der vermeintlichen Kanonenkugel um ein «himmlisches» Objekt handelt, nämlich um einen sehr seltenen Eisenmeteoriten. Er wird dem Naturhistorischen Museum in Bern für 400 Franken weiterverkauft. Finder und Vermittler teilen sich den Kaufpreis.

Der Meteorit von Rafrüti ist einer von nur elf bisher in der Schweiz gefundenen eindeutigen Meteoriten und mit seinen 18,2 Kilogramm sogar der zweitgrösste. Um ihn zu sehen, muss man allerdings ins Naturhistorische Museum nach Bern reisen. Aber von Ober Rafrüti aus, wo der Meteorit niederging, geniesst man immerhin einen herrlichen Rundblick über die Alpen und das Mittelland bis zum Jura.

Adresse Lüderenalp, 3457 Wasen im Emmental | ÖV ab Wasen oder Langnau Bus 285 nach Lüderenalp (nur am Wochenende) | Anfahrt ab Wasen oder Langnau, anschliessend 20 Minuten zu Fuss zum Aussichtspunkt Ober Rafrüti | Tipp Nomen est omen: Vom Bärnsicht Panorama Hotel und seinem Restaurant auf der Lüderenalp hat man eine herrliche Sicht, vielleicht bald schon aus einem Infinity-Pool heraus (www.baernsicht.ch).

64 Die Stiftung Lebensart

Eine vielseitige und dynamische Institution

«Ein gewaltiger, düsterer Holzbau, traurig von Aussen, ein Sammler menschlichen Elends, das lebendige Grab manch abwärts gehenden Lebenslaufs.» So krass beschrieb 1877 ein Wanderer, unterwegs von Langnau nach Luzern, die «Staatsanstalt Bärau», wie sie damals hiess. Der Holzbau war 1814/15 erstellt worden, die Anstalt existierte aber bereits seit 1784. Gegründet worden war sie für «Bettler, Müssiggänger, Arme mit minderem Verstand, untüchtige Personen und Personen, die von Sinnen sind», wie man den Kundenkreis damals umschrieb.

Dem jeweiligen Zeitgeist und der Kundschaft entsprechend änderten sich im Laufe der Jahre die Betreuungs- und Pflegekonzepte und mit ihnen der Name der Institution: Aus der «Armen-, Arbeits- und Erziehungsanstalt» wurde die «Staatsanstalt für Arme, Arbeitsunfähige und Gebrechliche», später das «Pflegeheim Bärau» und schliesslich die «Stiftung Heimstätte Bärau». Ein letzter Namenswechsel erfolgte 2016 zur «Stiftung Lebensart». Die Stiftung beschäftigt heute an verschiedenen Standorten über 700 Mitarbeitende und bietet 280 Plätze für ältere und pflegebedürftige Menschen sowie 230 Plätze und Arbeitsmöglichkeiten für Menschen mit Beeinträchtigungen verschiedener Art. Je nach ihren Fähigkeiten und Möglichkeiten arbeiten sie in der Gastronomie, der Gärtnerei, der Land- und Forstwirtschaft, im Textilservice oder in den Werkbetrieben. Dabei entstehen hauseigene Produkte wie Seifen, Dekorationsartikel, Glacen, Brot, Sirup und Pasta. Zusammen mit regionalen Produkten und weiteren Gütern des täglichen Bedarfs können die Erzeugnisse der Stiftung in der im Frühling 2020 eröffneten Markthalle gekauft werden. Der einladend und luftig gestaltete Verkaufsladen ist in den ehemaligen Produktionshallen der Leinenweberei Lauterburg untergebracht, und in einer Bistroecke kann man sich auch audiovisuell über die Geschichte des Ortes informieren.

Adresse Bäraustrasse 58, 3552 Bärau | **ÖV** ab Bahnhof Langnau Bus 284 bis Haltestelle Bärau Dorf | **Öffnungszeiten** Mo–Fr 6.30–19 Uhr, Sa 8–17 Uhr | **Tipp** Zur Stiftung Lebensart gehört auch das Hotel & Restaurant Orchidee in Burgdorf. Von seiner Dachterrasse aus geniesst man einen wunderbaren Blick auf die Stadt und das Emmental.

65 Die Tiger im Emmental

Ein Eishockeyclub wird museumsreif

«Der SCL war, ist und bleibt mehr als ein Sportunternehmen. Er ist ein Teil der emmentalischen Kultur wie Jeremias Gotthelf und Niklaus Leuenberger, wie Schwingen und Hornussen.» So war es in der Jubiläumsschrift 2016 zum 70-jährigen Bestehen der SCL Tigers zu lesen, und diese Meinung teilt auch das Regionalmuseum Chüechlihus: Die SCL Tigers gehörten zur DNA der Region, man nehme sich deshalb dieses «Kulturerbes» an, sammle Erinnerungsobjekte und stelle sie auch aus.

Tatsächlich sind die Tigers für ihre Fans mehr als ein Sportverein, dessen Spiele man gelegentlich besucht. Der SCL ist eine Herzensangelegenheit, und man steht auch in schlechten Zeiten zur Mannschaft, so in den Saisons 1991/1992 und 1993/94, als man in der Ersten Liga spielen musste. Mit einem Zuschauerdurchschnitt von rund 4.000 konnten die Tigers damals trotzdem mehr Besucher verzeichnen als einige Nationalliga-A-Clubs! Dabei sind die Tiger-Fans nicht erfolgsverwöhnt, ein einziges Mal, 1976, konnte man den Meistertitel feiern.

Die enorme Unterstützung in der Region zeigte sich auch wieder, als es darum ging, das marode Eisstadion zu sanieren. In der keineswegs reichen Region kamen rund 33 Millionen Franken zusammen, und mit einem Ja-Stimmenanteil von mehr als 70 Prozent genehmigten die Langnauer Stimmbürger einen Beitrag von 15 Millionen. Und es wurde nicht zu gross gebaut: Bei 6.050 Plätzen liegt die Hallenauslastung heute jeweils über 90 Prozent. Zudem besticht die neue Halle des Berner Büros rollimarchini Architekten AG auch durch seine architektonische Qualität.

Erkennungszeichen der Langnauer war immer schon der Tigerkopf auf ihrem Dress, auch als Dresswerbung noch verboten war. Zufälligerweise war aber damals die Tiger Käse AG der Hauptsponsor des Vereins. Als der Eishockeyverband das erkannte, durften die Spiele des SCL während zwei Saisons nicht mehr im Fernsehen gebracht werden.

Adresse Ilfishalle, Güterstrasse 14, 3550 Langnau im Emmental | ÖV ab Bahnhof Langnau sieben Minuten zu Fuss | Öffnungszeiten Termine und Infos unter www.ilfishalle.ch | Tipp Wer nach einem Matchbesuch in Langnau übernachten möchte, kann das zum Beispiel in der Emme Lodge, einem ehemaligen Bauern- und Geschäftshaus von 1768, das zu einem gemütlichen Hostel umgebaut wurde (www.emmelodge.ch).

66 Die Kirchenfenster

25 Glasgemälde haben 500 Jahre überlebt

Glas ist zerbrechlich, deshalb ist es alles andere als selbstverständlich, dass sich in der Kirche von Lauperswil ein «grossartiger, äusserst kostbarer Glasgemäldezyklus» aus der Bauzeit der Kirche, nämlich aus dem Jahre 1518, erhalten konnte. Die Scheiben sind damit mehr als 500 Jahre alt. Für die Denkmalpflege des Kantons Bern ist die Lauperswiler Kirche «eine der bedeutendsten evangelisch-reformierten Landkirchen des Emmentals mit hervorragender Ausstattung», und sie steht auch unter dem Schutz des Bundes.

Von den insgesamt 26 Scheiben stammen 25 aus der Bauzeit, nur eine Scheibe ist jüngeren Datums: Sie wurde 1850 von Grossrat Peter Rothenbühler, der Gutsbesitzer in Lauperswil war, gestiftet. Die übrigen 25 Scheiben wurden von verschiedenen Stiftern gespendet, vier vom Staat Bern, zwei von Burgdorf und Huttwil, der Rest von einigen vornehmen Familien.

In verschiedener Hinsicht interessant sind die vier Scheiben im Chor, die das Kloster Trub gestiftet hat (siehe Ort 99). Sie zeigen unter anderem den damaligen Abt Thüring Rust, der zu diesem Zeitpunkt, 1518, noch nicht wissen konnte, dass zehn Jahre später die Reformation eingeführt und er 1528 auch gleich der erste reformierte Pfarrer in Lauperswil sein würde!

Weitere vier Glasgemälde schenkte Heinrich Ruoff, der zur Bauzeit Priester in Lauperswil war und den Neubau der Kirche stark förderte. Auf einer der Scheiben liess er seinen Namenspatron, Heinrich II., verewigen. Heinrich II. war von 1014 bis 1024 römisch-deutscher Kaiser und wurde 1146 vom Papst heiliggesprochen, unter anderem deshalb, weil man aus seiner Kinderlosigkeit den Schluss gezogen hatte, er habe sein Leben in Keuschheit verbracht.

Neben den Glasgemälden zeichnet sich die Lauperswiler Kirche durch ein reiches Mobiliar aus dem 17. und 18. Jahrhundert aus, so beispielsweise durch einen Taufstein und Altartisch von 1649 und eine Kanzel von 1667.

Adresse Dorfstrasse 43, 3438 Lauperswil | ÖV S-Bahn Bern–Burgdorf–Langnau bis Haltestelle Neumühle, anschliessend zwölf Minuten zu Fuss | Öffnungszeiten 8–20 Uhr | Tipp Nur knapp fünf Minuten von der Haltestelle Neumühle entfernt, an der Langnaustrasse 95 in Zollbrück, befindet sich die «Büchermühle», ein grosses Buchantiquariat. Dort lagern über eine Viertelmillion Bücher, da sollte für jeden etwas dabei sein.

67 Die Burgruine Brandis

Höhen und Tiefen eines Emmentaler Geschlechts

Wenn man in der Bündner Herrschaft, weitab vom Emmental, in Maienfeld, auf das Schloss Brandis stösst, denkt man zunächst an einen merkwürdigen Zufall: Ein Schloss mit diesem Namen hatten wir doch im Emmental auch mal. Nachforschungen ergeben schnell, dass die Übereinstimmung kein Zufall ist. Durch geschickte Heirats- und Kreditpolitik kamen die Emmentaler Freiherren von Brandis auch zu Besitzungen in Graubünden und machten in der Ostschweiz Karriere. Zwei Familienmitglieder wurden 1343 und 1383 Äbte des bedeutenden Klosters Reichenau, und zweimal, 1357 und 1384, konnte die Familie sogar den Bischof von Konstanz stellen. Ein Familienmitglied hatte ausserdem das Amt des Bischofs von Chur inne. Kein Wunder, dass die Freiherren von Brandis das Interesse an ihren Emmentaler Besitzungen mit der Zeit verloren und Schloss Brandis 1455 verkauften. Die Familie nahm aber kein gutes Ende: Im Schwabenkrieg von 1499 stand sie auf der falschen – der habsburgischen – Seite, was die Eidgenossen nicht goutierten, sie nahmen die Brüder Sigmund und Thüring von Brandis gefangen. 1512 starb das Geschlecht aus.

Das Emmentaler Schloss der Familie Brandis gelangte 1607 nach verschiedenen Handänderungen an den Staat Bern, der es zum Landvogteisitz machte. Am 14. April 1798, anderthalb Monate nach dem Franzoseneinfall, fiel es einem Brand zum Opfer. Abklärungen zeigten, dass der Brand ein blosser Unglücksfall war. Fake News führten aber dazu, dass die Schuld fälschlicherweise über viele Jahrzehnte revolutionärem Landvolk zugeschrieben wurde.

Vom hoch über dem Tal gelegenen Schloss ist heute kaum mehr etwas zu sehen, quasi zu seinen Füssen haben sich aber aus der Zeit der bernischen Herrschaft einige historisch äusserst interessante Gebäude erhalten: ein Speicher von 1607, einer der ältesten seiner Gattung, die Schlossscheune von 1609 und das imposante Kornhaus von 1736.

Adresse Burgackerstrasse, 3432 Lützelflüh | ÖV ab Bahnhof Lützelflüh-Goldbach 30 Minuten zu Fuss, dem Wanderwegweiser «Ruine Brandis» folgen | Anfahrt von der Brandisstrasse auf die Burgackerstrasse abbiegen und weiter auf Neuacker zur Ruine fahren | Tipp Auf dem einstündigen Waldlehrpfad vom Gemeindehaus Lützelflüh nach Rüegsauschachen trifft man sowohl auf die Ruine Brandis als auch auf die alten Gebäude aus der bernischen Landvogteizeit.

68__Das Gotthelf Zentrum

Ein Pfarrer will provozieren und angreifen

Ein Basler Arzt, der eine Studie zum bernischen Stöckli (siehe Ort 37) verfasst hat, kam bei seinen Recherchen mit einer älteren, gescheiten Bäuerin ins Gespräch. Sie beschrieb Gotthelf wie folgt: «Man liest ihn und muss sich einfach verwundern, wie viel er weiss. Er weiss ja Sachen, die ihn eigentlich nichts angegangen wären.» Und tatsächlich: Gotthelf wusste nicht nur viele Sachen, er äusserte sich auch zu fast allem, zu Gewässerverbauungen, zum Schulwesen, zur Armut und den Verdingkindern, zum Alkoholismus, zum Käsehandel, zu landwirtschaftlichen Problemen und vielem mehr. Dabei nahm er nie ein Blatt vor den Mund, und von politischer Neutralität, wie sie heute teilweise von der Kirche verlangt wird, war er weit entfernt. Auch seine literarischen Werke waren Transportmittel seiner politischen Ansichten. Damit machte er sich natürlich Feinde (siehe Ort 86). Und wenn die Bäuerin meint, gewisse Sachen seien ihn gar nichts angegangen, spielt sie auf den Beruf von Gotthelf an: Von 1831 bis zu seinem Tod 1854 in Lützelflüh war er Pfarrer. Als solcher hiess er Albert Bitzius, das Pseudonym Jeremias Gotthelf gebrauchte er 1837 für seinen Erstling, den «Bauernspiegel», der gleich zu einem Bestseller wurde. Für seine weiteren literarischen Werke blieb er beim Pseudonym.

Mindestens seit seinem 150. Todestag gab es Bestrebungen, Gotthelf ein Museum zu widmen. Einige Lützelflüher, denen die ergebnislosen Diskussionen verleidet waren, ergriffen die Initiative, und 2012 konnte das Gotthelf Zentrum im Pfarrhaus Lützelflüh, dem einstigen Wohn- und Arbeitsort von Bitzius, eröffnet werden. Das Zentrum hat sich unter anderem zum Ziel gesetzt, Gotthelf aus der Heimatdichter-Ecke zu befreien, in die er vor allem durch die Radio-Hörspiele von Ernst Balzli in den 50er Jahren geraten ist. Daneben werden immer wieder Wechselausstellungen rund um Gotthelfs Werk gezeigt, etwa zu seiner Novelle «Die schwarze Spinne» oder zu den Verfilmungen seiner Romane.

Adresse Rainbergliweg 2, 3432 Lützelflüh, www.gotthelf.ch | **ÖV** ab Bahnhof Lützelflüh-Goldbach zehn Minuten zu Fuss | **Öffnungszeiten** Di–So 13.30–17 Uhr; Führungen jederzeit möglich, Infos unter Tel. 034/4614383 | **Tipp** Knapp 100 Meter vom Gotthelf Zentrum entfernt, an der Gotthelfstrasse, steht ein bereits 1889 errichtetes Denkmal für Gotthelf. Dass die Geldsammelaktion dafür recht harzig verlief, zeigt, dass er sich in seinem Dorf nicht nur Freunde geschaffen hatte.

69 Die Kulturmühle

Einer der schönsten Eventräume der Schweiz

Jolanda Rodio wurde nicht gerade mit offenen Armen empfangen, als sie 1972 die im Jahr zuvor stillgelegte Mühle kaufte und zur «Kulturmühle» umfunktionierte. Mit zeitgenössischer Musik, zeitgenössischem Tanz und Totalem Theater wusste man hier wenig anzufangen. Und die «Kundschaft», die die Kulturmühle nach Lützelflüh brachte, fiel im ländlich geprägten Ort auf. Zudem fand die weltgewandte Jolanda Rodio, die vorher 30 Jahre lang in Dänemark gelebt hatte und dort als Musikprofessorin tätig gewesen war, den Ton mit der einheimischen Bevölkerung nicht immer. Dabei wäre es ihr ein Anliegen gewesen, als Kulturvermittlerin tätig zu sein, allerdings eben für «ihre» zeitgenössische Kultur, die viele überforderte. Dazu kamen mit den Jahren immer mehr finanzielle Probleme. Die Sanierung und der Unterhalt der 1821 erstellten Mühle kosteten viel Geld.

Die Kulturmühle hat jedoch bis heute Bestand, und mit dem Barockgarten, dem Naturweiher und dem Mühlebach mit den beiden Wasserrädern – am alljährlichen Mühlentag wird Korn gemahlen! – ist sie ein absolutes Bijou. Sogar ein Weinberg mit 350 Stöcken gehört heute zur Stiftung Kulturmühle Lützelflüh. Unter ihren späteren Leitungspersonen hat die Kulturmühle schliesslich den Kontakt zur einheimischen Bevölkerung gefunden. So wird sie von Dorfvereinen gern für besondere Anlässe genutzt. Und das Kulturprogramm, das sie auf die Beine stellt, trifft heute den Geschmack des heimischen Publikums.

Die Kulturmühle bietet auch Übernachtungsmöglichkeiten, 32 Schlafplätze stehen insgesamt zur Verfügung. Davon profitieren etwa Kinder und Jugendliche, die dort seit Jahren Theaterkurse besuchen, oder auch Hochzeits- und Geburtstagsgesellschaften, wenn sie im Haus gefeiert haben. Und seit einer Auszeichnung, die die Kulturmühle 2021 erhalten hat, gehört sie offiziell zu den schönsten Event- und Partyräumen der Schweiz.

Adresse Mühlegasse 29, 3432 Lützelflüh, www.kulturmuehle.ch | **ÖV** ab Bahnhof Lützelflüh 15 Minuten zu Fuss | **Öffnungszeiten** bei Events oder Führungen zugänglich, Infos siehe Website | **Tipp** Vor der Kulturmühle steht ein Teilstück der 1584 erstellten Holzbrücke über die Emme. Es handelt sich um eine der ganz wenigen Emmebrücken, die nicht einem Hochwasser zum Opfer fielen, sondern 1902 wegen «Altersschwäche» abgebrochen wurde.

70 Die Linde

Ein Wahrzeichen des Emmentals

Im Emmental steht der Lindenbaum nicht nur am Brunnen vor dem Tore, dort zwar auch, oft aber findet man ihn hier als markanten Einzelbaum bei Bauernhöfen oder – wo er ganz besonders auffällt – zuoberst auf vielen sanften Hügelkuppen. Die Tatsache, dass es Linden sind und nicht irgendwelche anderen Bäume, soll weit in die Geschichte zurückreichen: Bei den Alemannen und den Germanen galt die Linde als heiliger Baum. Vielleicht, weil sie durch ihr Alter beeindruckte, soll sie doch 1.000 Jahre alt werden können, und alte Bäume faszinieren immer (siehe Ort 40). Zudem war die Linde schon bei den alten Griechen als Heilpflanze bekannt, und dass die schweisstreibende Wirkung des Lindenblütentees Husten und Heiserkeit lindert, wusste man auch im Emmental. Ausserdem stiftete die Linde früher noch einen weiteren Nutzen: Bis Leinen und Hanf in Gebrauch kamen, wurden aus dem Rindenbast der Linde Kleider, Matten, Taschen, Seile, Bogensehnen und andere nutzbringende Dinge hergestellt. Dass sich aus dem weichen Lindenholz zudem gut Heiligenbilder schnitzen lassen, interessierte dagegen im Emmental – wenigstens nach der Einführung der Reformation 1528 – nicht mehr.

Nicht nur auf Hügeln und neben Bauernhöfen pflanzte man Linden, auch mitten im Dorf waren sie häufig anzutreffen und wurden zu beliebten Treffpunkten und Versammlungsorten, sei es für Gerichtsverhandlungen oder für Spiel und Tanz. Ein Beispiel dafür ist die Linde in Hettiswil (siehe Ort 55).

Es soll sogar Linden-Standorte geben, die Kraftort-Charakter haben. Ob auch Sie entsprechende Kräfte verspüren, können Sie auf einer gemütlichen Wanderung von Rüegsauschachen nach Affoltern überprüfen. Dort begegnen Sie nämlich gleich einer ganzen Reihe dieser exponiert stehenden Linden. Sollten Sie nichts merken, können Sie immerhin die Ausblicke in die schöne Emmentaler Landschaft geniessen.

Adresse Brandishub, 3432 Lützelflüh | ÖV ab Bahnhof Hasle-Rüegsau zu Fuss über Rüegsauschachen nach Affoltern (Fahrverbot!) | Tipp Alt werden können nicht nur Linden. In der Rüegsbacher Kirche hängen zwei Glocken, die aus dem 12. und 13. Jahrhundert stammen und damit zu den ältesten der Schweiz gehören. Ausserdem steht neben der Kirche ein absolut beeindruckendes Exemplar einer Linde.

71 Das Taunerhaus

In der Not zog man an die Emme

Neben den grossen und stolzen Emmentaler Bauernhäusern (siehe Ort 75) gab es auch die wesentlich bescheideneren Taunerhäuser. Sie gehörten Kleinbauern, die neben ein wenig Landwirtschaft noch ein Gewerbe betrieben oder als Tagelöhner arbeiteten. Das waren nicht selten Bauernsöhne, die den elterlichen Hof verlassen mussten, sobald ihn der jüngste Sohn übernahm (siehe Ort 31). Das Problem akzentuierte sich, als es im 16. Jahrhundert zu einem Bevölkerungswachstum kam. Vorher hatten immer wieder Seuchenzüge die Bevölkerung dezimiert. Zudem verbot die bernische Regierung nach der Reformation 1528 die Reisläuferei, womit die Erwerbsmöglichkeit als Söldner wegfiel.

So kam es, dass ab dem 16. Jahrhundert von «Erwerbslosen» der Emmenschachen gerodet und dort die Taunerhäuser erstellt wurden. Wegen der hohen Überschwemmungsgefahr war das ungünstig oder sogar gefährlich, aber der gute Boden auf den Terrassen über der Emme war bereits besetzt. Die ersten Häuser scheinen illegal gebaut worden zu sein, meistens auf dem Land des Staates Bern, dem grössten Landbesitzer. Da die Entwicklung nicht zu stoppen war, erliess die Obrigkeit klare Regeln: Der Landvogt konnte nun die Landnahme bewilligen, der Tauner hatte aber einen Bodenzins zu zahlen, und vor allem musste er sich am Unterhalt der Emmeverbauungen beteiligen. Diese Verbauungen waren wegen der neuen Gebäude im Gefahrenbereich nun noch dringender nötig.

Da die meisten Taunerhäuser früher eher armselige Hütten waren, sind sie heute zum grössten Teil verschwunden. Von seinen Eigentümern gut unterhalten ist aber das wohl 1720 erstellte sogenannte «Schliferhüsli». Neben den Wohnräumen beherbergte es ein kleines Tenn und einen Stall sowie im Keller eine Werkstatt, möglicherweise für einen Schuhmacher. Für die Denkmalpflege ist es ein wertvolles, einer selten gewordenen Baugattung angehörendes Gebäude.

Adresse Parkettstrasse 44, 3432 Lützelflüh | **ÖV** ab Bahnhof Lützelflüh-Goldbach fünf Minuten zu Fuss | **Tipp** Ab dem dorfseitigen Ausgang des Bahnhofs ist ein etwa zehnminütiger Spaziergang zu den «Gotthelf-Bronzen» ausgeschildert. Der Bronzebildner Freddy Röthlisberger hat auf einer Wiese eine öffentlich zugängliche Ausstellung mit 24 Bronzefiguren eingerichtet, die Protagonisten aus Romanen von Gotthelf nachempfunden sind.

72 Die Schalenbauten

Der Ingenieur, der Künstler werden wollte

Dass er dereinst zum wohl bedeutendsten Schalenbauer weltweit werden würde, konnte Heinz Isler 1953 nach Abschluss seines Studiums als Bauingenieur an der ETH Zürich nicht ahnen. Ursprünglich wollte er ja auch gar nicht Ingenieur werden, sein Traumberuf war vielmehr Kunstmaler. Und so schrieb er sich gleich nach dem Abschluss an der Zürcher Kunstgewerbeschule ein. Die Ausbildung dort war ihm aber zu theoretisch. Er kehrte – seiner Meinung nach nur vorübergehend – in den Ingenieurberuf zurück und meldete sich gleichzeitig an der Kunstakademie in München an, wo er auch aufgenommen wurde.

Während er auf den Beginn der Münchner Ausbildung wartete, kam er auf neue Ideen für die Konstruktion von Schalen und blieb schliesslich doch seinem ursprünglichen Metier treu. Und das mit grossem Erfolg: 1955 konnte er in Langenthal seinen ersten Schalenbau erstellen, 1956 einen weiteren für die Blaser Swisslube AG in Rüegsau. Schlussendlich wurden es rund 1.400 Schalenbauten auf der ganzen Welt. In Burgdorf steht eine der zwölf Tennishallen, die auf Islers Schalenkonstruktionen beruhen.

Islers grösster Schalenbau in Wangen bei Olten weist eine Grundfläche von 54 mal 59 Metern auf. Besonders stolz war er darauf, dass eine Eierschale, die man auf dieses Mass vergrössern würde, dreimal so dick wäre als seine Betonschale. Für die Auftraggeber hatten die Schalentragwerke den Vorteil, dass sie stützenfrei waren und deshalb der ganze Innenraum nutzbar wurde. Zudem sind seine Schalen derart und elegant und schön, dass Isler auf seinem Gebiet auch als Künstler gilt – und damit seinen Traumberuf doch noch teilweise verwirklichen konnte.

Und warum ist Isler (1926–2009) nun in Lyssach zu finden? Weil er hier an einem versteckten Ort sein Bürogebäude erstellt und im verwunschenen Garten nach Naturbeobachtungen allerlei Versuche mit Schalenformen angestellt hat.

Adresse Emmenweg 12, 3421 Lyssach | **ÖV** ab Bahnhof Kirchberg-Alchenflüh 15 Minuten zu Fuss, Bürogebäude auf einem Spaziergang der Emme entlang ab Alchenflüh oder Burgdorf erreichbar | **Anfahrt** Privatgelände, keine Zufahrtsmöglichkeit, Auto an der Moserstrasse abstellen | **Tipp** Auf dem Weg vom Bahnhof zum Bürogebäude begegnet man an der Moserstrasse 15 einem frühen Isler-Bau.

73 Das Fresko in der Kirche

Ein Gemälde überlebt die Reformation

Wer Oberburg als blosses Strassendorf abtun will, liegt völlig falsch; bereits ein Abstecher zum Kirchenbezirk wird ihn von seinem Vorurteil abbringen. Die spätgotische Kirche von 1497 steht prominent auf einer künstlichen Aufschüttung und ist umgeben von architekturhistorisch bedeutenden Gebäuden, so beispielsweise von einem zwar eher unscheinbaren Pfrundspeicher, der aber älter ist als die Kirche selbst. Alles andere als unscheinbar sind dagegen das Pfarrhaus von 1749, der neue Pfrundspeicher von 1754 und das beeindruckende Kirchgemeindehaus, ein ehemaliges Bauernhaus von 1806.

Das Innere der Kirche weist eine kleine Kostbarkeit mit einer wechselvollen Geschichte auf: ein Wandgemälde, das 23 symmetrisch angeordnete Figuren zeigt, die sogenannte Heilige Sippe. Im Zentrum sitzt Anna, die Mutter von Maria, um sie herum ist die restliche Familie gruppiert, unter anderem die drei Männer, von denen Anna – der Legende nach – zwei auf himmlisches Geheiss hin geheiratet hat. Entstanden ist das Fresko 1517, der unbekannte Künstler hatte aber das Pech, dass im Kanton Bern bereits elf Jahre später die bilderfeindliche Reformation eingeführt und sein Bild weiss übertüncht wurde.

1902 kam es bei Renovationsarbeiten wieder zum Vorschein, die damaligen Sachverständigen waren jedoch der Meinung, der künstlerische Wert des Bildes sei gering und eine Wiederherstellung lohne sich nicht. Es verschwand deshalb erneut unter einem weissen Anstrich. Eine andere künstlerische Bewertung erfuhr das Fresko bei einer weiteren Renovation 1938. Die zuständigen Experten, unter ihnen Cuno Amiet (siehe Ort 43), kamen in einem Gutachten zu dem Schluss, dass das Bild durchaus eine Renovation verdiene. Der Maler Walter Soom machte sich an die Arbeit, legte das Fresko frei und sicherte es für die Zukunft.

Und so konnte die Heilige Sippe 400 Jahre nach ihrem Verschwinden ihre Wiederauferstehung feiern.

Adresse Kirchgasse 13, 3414 Oberburg | **ÖV** ab Bahnhof Oberburg zehn Minuten zu Fuss | **Öffnungszeiten** täglich 8–18 Uhr | **Tipp** Einige initiative Oberburger wollten es nicht hinnehmen, als 2017 die Schliessung der traditionsreichen Wirtschaft Steingrube, einer der letzten in Oberburg, drohte. Sie gründeten kurzerhand eine AG, und heute gehört das Restaurant nicht weniger als 438 Aktionären, die vorwiegend aus dem Dorf stammen.

74 Die Hochzeitskirche

Der Herrgott hat verschiedene Kostgänger

Die prachtvolle Lage des Wallfahrtskirchleins Würzbrunnen auf einer Emmentaler Hochebene dürfte sicher ein entscheidender Grund dafür gewesen sein, dass Franz Schnyder (siehe Ort 108) sämtliche Kirchenszenen seiner Gotthelf-Verfilmungen wie «Uli der Knecht» oder «Die Käserei in der Vehfreude» hier gedreht hat. Und seine Filme, die das vermutlich 1.000 Jahre alte Kirchlein noch bekannter machten, als es vorher schon war, trugen bestimmt ihrerseits dazu bei, dass es zu neuen «Wallfahrten» kam, nämlich von Brautpaaren: Gemäss der Auskunft von Pfarrer Herbert Held fanden einst pro Jahr 120 bis 130 Trauungszeremonien statt. Heute sind es immer noch 20 bis 30.

In früheren Zeiten hatte sich der dortige Pfarrer – als Protokollführer des Chorgerichts, das über gottloses und unzüchtiges Verhalten wie Untreue, Fluchen, Trunkenheit, Sonntagsarbeit oder mangelnden Predigtbesuch befand – auch mit weniger erfreulicher Kundschaft zu befassen: Übermässiger Alkoholgenuss war wohl dafür verantwortlich, dass am 27. August 1744 fünf Männer wegen ihres «abscheulichen und gottvergessenen Verhaltens» vor dem Chorgericht erscheinen mussten. Dort hätten sie sich dann aber – wie der Pfarrer protokollierte – «wider alles Vermuten gebührlich und bescheiden aufgeführt». Und nachdem man sie deshalb nur sehr milde mit Bussen bestraft habe, hätten sie «gar demütig Gott, unsere Ehrbarkeit und alle geärgerten Christen um Verzeihung» gebeten. Er habe sie schlussendlich noch zu einem christlichen Leben ermahnt: «Darauf sind sie wohlvergnügt abgezogen.«

Bei ihrem Abgang haben die fünf Sünder dem hohen künstlerischen Wert, den das Kirchlein hat, wahrscheinlich kaum die nötige Beachtung geschenkt. Von besonderer Bedeutung sind zum Beispiel die Malereien am Haupteingang, die um 1400 entstanden sein sollen, und die prächtige, spätgotische Holzdecke mit Flachschnitzereien und ornamentalen Malereien.

Adresse Würzbrunnen 295, 3538 Röthenbach im Emmental | **ÖV** ab Bahnhof Signau Bus 271 (Fahrplan konsultieren) | **Öffnungszeiten** täglich 8–20 Uhr | **Tipp** Ein lohnendes Ausflugsziel in der Nähe der Wallfahrtskirche ist der 42 Meter hohe und aus Weisstannenholz erstellte Aussichtsturm Chuderhüsi. Von seiner Plattform aus, die man über 195 Stufen erreicht, blickt man weit ins Land.

75 Das Emmentaler Bauernhaus

Aus Trotz besonders gross und schön gebaut?

«Die Annahme, dass viele Emmentaler Häuser des 17. und 18. Jahrhunderts aus einem gewissen Widerspruch und einer trotzigen Haltung der Bauern gegen die Regierung besonders gross und schön gebaut worden seien, ist wahrscheinlich nicht ganz von der Hand zu weisen.» Diese Meinung äusserten zwei Kenner der Verhältnisse in einer Publikation zum Emmentaler Bauernhaus. Zu erklären wäre die trotzige Haltung der Bauern etwa durch das rücksichtslose Vorgehen der Regierung im Bauernkrieg (siehe Ort 76) und bei den Täuferverfolgungen (siehe Ort 90).

Effektiv fällt im Vergleich zu anderen Landesteilen die Grösse der hiesigen Bauernhäuser auf. Unter ihrem Dach weisen sie jeweils drei Hausteile auf: den Wohnteil, die Tenne und den Stall. Baumaterial für Wände, Dach, Lauben, Treppen und Fenstergitter war das hier vorhandene Holz. Sogar die Nägel wurden früher aus Buchen- und Eichenholz gefertigt und in vorgebohrte Löcher geschlagen, wie dies auch in Gotthelfs «Die schwarze Spinne» geschildert wird (siehe Ort 91). Das Bauholz fällte man im Winter, weil dann Zeit für die Waldarbeit und der Holztransport auf dem gefrorenen Boden einfacher war. Im Winter gefälltes Holz wird auch weniger von Pilzen und Insekten befallen. Die Rauchküchen in den Bauernhäusern führten zudem dazu, dass das Holz verteert und so vor Fäulnis bewahrt wurde. Zum Schutz der Fassaden vor dem Regen wurden die Dächer häufig weit heruntergezogen, etwas weniger auf der Giebelseite, wo sich der Wohnteil befand, um mehr Licht in die Wohnräume zu lassen.

Allen Grund, aus Widerspruch und Trotz gross zu bauen, hatten die Nachkommen des Bauernführers Niklaus Leuenberger, als sie um 1750 ihr Bauernhaus erstellten. Als ehemaliger Wohnort von Leuenberger hat dieses typisch emmentalische Bauernhaus nicht nur eine architektonische, sondern auch eine enorme historische Bedeutung.

Adresse Vorder Schönholz 78, 3433 Schwanden im Emmental | ÖV Bürgerbus 473 ab Lützelflüh oder Zollbrück bis Haltestelle Schwanden im Emmental, Niederbach, anschliessend 15 Minuten zu Fuss | Tipp Auf einem sieben Kilometer langen historischen Themenweg ab Bahnhof Zollbrück erhält man an 18 Stationen interessante Informationen über die Geschichte des Emmentals, und das nicht auf Tafeln, sondern auf dem Smartphone.

76 Das Rebellen-Denkmal

Ein Aufständischer als Volksheld

Die Bauern hatten 1653 allen Grund, mit der Regierung unzufrieden zu sein: Immer wieder wurden ihnen neue Steuern und Vorschriften auferlegt oder der Münzwert plötzlich herabgesetzt. Und das in einer Zeit, in der sie für ihre Produkte immer weniger Geld erhielten. Im Emmental kam dazu, dass die Landvögte in Trachselwald und Signau die Untertanen drangsalierten und ihre Machtstellung schamlos ausnützten. Unter Führung von Niklaus Leuenberger belagerten deshalb aufständische Bauern die Stadt Bern. Sie rangen der Obrigkeit einen Vertrag ab, in dem diese die Zusicherung abgab, alle unguten Neuerungen aufzuheben und die schuldigen Landvögte zu bestrafen. Aber die Staatsmacht schlug zurück. Sie erklärte den Vertrag später für nichtig, und die Anführer des Aufstandes kamen vor Gericht. Leuenberger wurde geköpft, sein Körper gevierteilt.

Härte zeigte die Regierung auch bei einem anderen wichtigen Kopf der Rebellion, Ueli Galli aus Eggiwil, der im November 1653 gehängt wurde. Als ihm ein halbes Jahr später – immer noch am Galgen hängend! – jemand den Kopf abschlug (ein Studentenstreich?) und er am Boden liegend vorgefunden wurde, beauftragte die Obrigkeit den Scharfrichter, den Leichnam mit Ketten unter dem Arm und mit aufgesetztem Kopf wieder an den Galgen zu hängen.

Dass die Klagen der Bauern berechtigt waren, zeigte der Prozess gegen den Trachselwaldner Landvogt Samuel Tribolet. Er wurde 1654 «wegen grausamer verübter Tyrannei und Schinderei» in 57 Fällen seiner Ämter enthoben und drei Jahre des Landes verwiesen. Was er den Landleuten unrechtmässig abgenommen hatte, musste er zurückzahlen und eine Busse entrichten. Dagegen kam der Landvogt von Signau, Hans Rudolf Zehnder, weitgehend ungeschoren davon. Ein Sündenbock und ein Bauernopfer genügten der bernischen Obrigkeit. Kein Wunder, gilt Leuenberger im Emmental noch heute als Volksheld.

Adresse ausgangs Dorf, gegenüber dem Friedhof, 3437 Rüderswil | **ÖV** Bürgerbus 473 ab Lützelflüh oder Zollbrück bis Haltestelle Kirche | **Anfahrt** Parkmöglichkeiten beim Friedhof | **Tipp** Das Denkmal ist Teil eines Gedenkwegs für den Bauernführer Niklaus Leuenberger. Der Wanderweg führt über acht Kilometer unter anderem auch zu dem Haus, in dem er gelebt hat (siehe Ort 75).

77 Die Holzbrücke

Brücken verbinden nicht immer

Die Rüegsauer mussten mehr als 100 Jahre kämpfen, bis ihnen die bernische Obrigkeit den Bau einer Holzbrücke über die Emme bewilligte. Vergeblich hatten sie immer wieder darauf hingewiesen, dass die wackeligen Stege für Ross und Wagen unbenützbar seien. Die knausrige Obrigkeit war der Meinung, dass man «solche kostbaren Werke nicht in unnötiger Weise vermehren» solle und die Rüegsauer ja über die Brücke in Lützelflüh gehen könnten. Erst 1763 erlaubte der Landvogt die Erstellung einer Holzbrücke. Für die Kosten musste Rüegsau aber fast allein aufkommen, die Gemeinde Hasle auf der anderen Emmeseite wollte sich nicht in grösserem Umfang finanziell beteiligen. Das war auch später so, als Rüegsau die Nachbarn um Beiträge für die Unterhaltskosten anging: Hasle meldete zurück, man habe die Brücke nicht bestellt und benütze sie auch nicht.

Der Brücke war kein langes Leben beschieden, 1837 wurde sie von einem verheerenden Hochwasser weggerissen. Nur zwei Jahre später stand die neue, noch heute existierende Brücke, eine pfeilerlose Holzbrücke mit einer Spannweite von 60,15 Metern. Sie soll die längste Holzbogenbrücke Europas sein – und die schönste erhaltene im Emmental. 1956 musste sie einer verkehrsgerechten Betonbrücke weichen, leistet aber, 800 Meter emmeabwärts versetzt, immer noch gute Dienste.

Sind aus dem Brückenzwist zwischen Hasle und Rüegsau gewisse Ressentiments zurückgeblieben? Aus früheren Zeiten haben sich auf jeden Fall die gegenseitigen Schimpfwörter «Hasli-Möff» und «Schachen-Bandit» erhalten. In einem Buch über Hasle liest man, dass diese Schimpfwörter heute zwar noch verwendet würden, aber «kaum je ernst gemeint» seien. Von Post und Bahn wurden die Gemeinden Hasle und Rüegsau durch die gemeinsame Postleitzahl 3415 «zwangsverheiratet». Ausserhalb des Emmentals weiss deshalb kaum jemand, dass es sich hier um zwei selbstständige politische Gemeinden handelt.

Adresse Winterseistrasse, 3415 Rüegsauschachen | **ÖV** ab Bahnhof Hasle 15 Minuten zu Fuss der Emme entlang Richtung Burgdorf | **Anfahrt** auf der Winterseistrasse zur Holzbrücke fahren | **Tipp** Im Emme-Museum an der Winterseistrasse 5 erfährt man mehr über die Emme und ihre Verbauungen (jeden 1. So im Monat und auf Anfrage geöffnet).

78 Das Dorf der Wohnstöcke

Eine Insel der Seligen?

Es könnte leicht vergessen gehen, das kleine Dorf Rumendingen abseits der wichtigen Verkehrswege. Es hat weder eine Schule noch Läden oder Restaurants und ist auch nicht an den öffentlichen Verkehr angeschlossen. Aber Achtung: Man darf die Kleinen nicht unterschätzen!

Da wäre einmal die landschaftliche Schönheit des kleinen Tals, durch das sich der Chänerechbach schlängelt. Da sind aber auch die vielen schönen Gebäude: Im Inventar der bernischen Denkmalpflege sind nicht weniger als 28 geschützte Liegenschaften aufgelistet, was mehr als der Hälfte aller grösseren Gebäude im Dorf entsprechen dürfte! Auffallend sind dabei vor allem die für ein emmentalisches Bauerndorf eher unüblichen, vornehmen Wohnstöcke aus der Zeit vor und nach 1850. Sie folgten nicht dem ländlichen Stil (siehe Ort 37), vielmehr wollte man sich hier offensichtlich der städtischen Architektur aus dieser Zeit angleichen – und hatte dazu auch das nötige Geld.

Aber noch etwas macht Rumendingen attraktiv: Mit seinen rund 80 Einwohnern ist es zwar die kleinste der 39 Gemeinden im Verwaltungskreis Emmental, mit seiner Steueranlage von 1.0 aber die mit Abstand steuergünstigste. Im ganzen Kanton Bern gibt es nur ein bis zwei Gemeinden, in denen man noch weniger Steuern zahlt. Zurückzuführen ist das auf den Umstand, dass Rumendingen mit dem Kies über einen gefragten Bodenschatz verfügt, und Kiesabbaufirmen sind meistens gute bis sehr gute Steuerzahler. Das Emmental ist überhaupt ein wichtiges Kiesabbaugebiet. Die in den Eiszeiten mehrmals vorrückenden Gletscher brachten riesige Gesteinsmassen ins Alpenvorland und damit auch ins Emmental.

Und in noch einer Beziehung soll Rumendingen herausragen: Gemäss der schweizerischen Kriminalitätsstatistik ist hier seit mehr als zehn Jahren keine einzige Straftat verübt worden. Es kann deshalb als verbrechensfrei gelten …

Adresse Dorf 4a, 3472 Rumendingen | ÖV ab Bahnhof Wynigen 20 Minuten zu Fuss | Anfahrt zwischen 3423 Ersigen und 3472 Wynigen | Tipp Eine Wanderung nach Rumendingen kann im schön gelegenen Restaurant Rudswilbad in Ersigen begonnen oder beendet werden. Neben dem Restaurant steht in aussichtsreicher Hanglage das Kurhaus von 1907, ein echtes Bijou.

79 Die Kirche

Diebe machen vor gar nichts halt

Es ist nachvollziehbar, wenn die bernische Denkmalpflege die Kirche in Rüti wie folgt charakterisiert: «Architekturhistorisch und ortsgeschichtlich höchst bedeutendes Objekt und malerischer Blickfang im Ortsbild.» Das Gotteshaus hat auch ein respektables Alter und wurde wohl bereits im 12. Jahrhundert erstellt. Als Erbauer vermutet man einen Angehörigen des Edelgeschlechts von Rüti.

In seiner langen Geschichte blieb das Kirchlein vor unerfreulichen Ereignissen nicht verschont: 1666 schlug ein Blitz in den Kirchturm ein und zerschmetterte ihn, wodurch die grösste Glocke herunterfiel. Glücklicherweise blieb sie unbeschädigt. Als Ersatz für den Turm wurde der heutige Dachreiter errichtet. 1711 wurde sogar eine der beiden Glocken aus dem Kirchturm gestohlen. Die neue Glocke trägt deshalb die folgende Inschrift (sprachlich etwas aktualisiert):

«Im tausendsiebenhundertelften Jahr / ich ganz von neu gegossen war, / weil d'Kirchgmeind ersetzen wollte, / das von Dieben weggeholte. / Dass zu dem Wort ich rufte fein, / wollt ich grösser gegossen sein.»

Auf den ersten Blick könnte man die Kirche von ihrem Platzangebot her leicht unterschätzen, sie weist aber immerhin rund 100 Sitzmöglichkeiten auf. Die aber offenbar nicht immer genügend genutzt wurden. Auf jeden Fall wurden die Gemeinden Rüti und Lyssach 1626 wegen schlechtem Gottesdienstbesuch scharf gerügt. Schlecht besucht waren mindestens zeitweise auch die Gemeindeversammlungen der mit nur knapp 170 Einwohnern zweitkleinsten Gemeinde im Emmental. Zwischen 1920 und 1930 war an den Versammlungen neben den fünf amtierenden Gemeinderäten nur ein einziges Mal überhaupt ein Gemeindebürger anwesend. Wie man auf der Gemeindeschreiberei erfährt, ist das heute glücklicherweise deutlich anders, der Versammlungsbesuch sei im Vergleich zu anderen Gemeinden sogar überdurchschnittlich hoch.

Adresse Dorfstrasse 33, 3421 Rüti bei Lyssach | ÖV ab Bahnhof Lyssach zehn Minuten zu Fuss | Tipp Einkaufsmöglichkeiten gibt es in Rüti keine, dafür bietet die Nachbargemeinde Lyssach mit dem Dorfbach Märit und dem Schache Märit gleich zwei sympathische Einkaufsmöglichkeiten, bei denen man sich mit Lebensmitteln aus regionaler und saisonaler Produktion eindecken kann.

80 Der Arche-Hof

Das Rindvieh des Pfahlbauers

Noah musste seinerzeit gleich die ganze Tierwelt vor der Sintflut retten, und auch heute gibt es wieder einige Tierarten, die eine Arche benötigen würden. In der Landwirtschaft sind es jene Nutztiere, die einen wirtschaftlich gesehen ungenügenden Ertrag abwerfen. Ihr Überleben sichern zum Beispiel die sechs Arche-Höfe in der Schweiz, unter ihnen der Arche-Hof von Beat und Kathrin Gerber in Schangnau.

Auf einem informativen Rundgang durch ihren «Tierpark» begegnet man einigen dieser gefährdeten Rassen, zum Beispiel dem Wollschwein, das wegen seiner ausgezeichneten Speckqualität zeitweise das meistgehaltene Schwein in der Schweiz war. Da Wollschweine aber nicht viel Schinken hergeben, kamen sie stark in Bedrängnis. Nicht besser erging es dem Rätischen Grauvieh, dessen genetische Wurzeln bis zu den Pfahlbauern zurückreichen. Diese Grauvieh-Rasse entwickelte sich in den abgeschiedenen Bündner Tälern. Sie dienten dort als sogenannte Dreinutzungstiere (Arbeit, Milch, Fleisch). Als dann aber die Milchleistung in den Vordergrund rückte, wurden sie vom Braunvieh verdrängt. Viele andere Nutztiere wie die Pommerente, die Diepholzer Gans, die Appenzellerziege, das Skudde-Schaf und verschiedene Hühnerrassen erlitten das gleiche Schicksal. Sie alle sind auf dem Arche-Hof anzutreffen und helfen mit, ihr genetisches Material in die Zukunft zu retten. Wer weiss, welche Eigenschaften der Nutztiere dereinst einmal gefragt sein werden. Unterstützt und gefördert werden diese Bemühungen durch die Stiftung ProSpecieRara. Der Arche-Hof der Gerbers ist einer ihrer Gütesiegel-Betriebe.

Der natürlich auch für Kinder attraktive Rundgang auf dem Arche-Hof kann unbegleitet absolviert werden, Familie Gerber bietet aber gern Führungen an, gefolgt von einem Apéro mit den Bio-Produkten des Hofes. Diese und andere Herrlichkeiten gibt es auch im Hofladen zu kaufen.

Adresse Hubel 34c, 6197 Schangnau, Tel. 079/2430191, www.bauernhof-emmental.ch | ÖV ab Bahnhof Escholzmatt Bus 251 bis Haltestelle Schangnau, Grunachen | Öffnungszeiten täglich 10–17 Uhr | Tipp Eine gemütliche, etwa zweistündige Wanderung auf dem Abenteuerpfad führt von Marbach zum Arche-Hof. Mit seinen 20 interaktiven Posten ist er besonders geeignet für Kinder zwischen fünf und zwölf Jahren.

81 Der Friedhof

Tot mit Aussicht

Es gibt Friedhöfe, die als touristische Attraktionen gelten. Das kann man vom Friedhof Schangnau (noch) nicht behaupten, aber: Gibt es im Emmental einen Friedhof mit einer schöneren Aussicht? Schon die erhöhte Lage oberhalb des Ortskerns macht ihn besonders – und dann erst die einmalige Aussicht auf den Hohgant! Zudem gehört er zu jenen Friedhöfen, die – wie damals üblich – direkt an der Kirche liegen. War man in früheren Zeiten zu wenig prominent, um in einer Gruft unter dem Altarraum oder in der Kirche bestattet zu werden, wollte man wenigstens möglichst nahe bei der Kirche, in geweihter Erde, liegen, um beim Jüngsten Gericht seine Chancen auf Erlösung zu verbessern. Erst ab 1800 wurden die Friedhöfe ausserhalb der Ortschaften angelegt, zunächst aus hygienischen, später auch aus Platzgründen.

Neben dem Friedhof ist auch die Kirche von 1618 einen Besuch wert. Weniger als 40 Jahre nach ihrer Erstellung musste sie allerdings schon renoviert werden, nicht wegen baulicher Mängel, sondern weil sie im Ersten Villmergerkrieg von 1656 – einem Religionskrieg unter Eidgenossen – von den katholischen Nachbarn aus dem Entlebuch demoliert worden war. Dieser Überfall erstaunt aus heutiger Sicht etwas, kämpften doch Entlebucher und Schangnauer drei Jahre zuvor im Bauernkrieg von 1653 (siehe Ort 76) Seite an Seite gegen ihre jeweiligen Obrigkeiten. Das war scheinbar vergessen, und die Religion siegte wieder über die Politik. Die Religion spielte auch später noch eine Rolle, denn es dürfte kein Zufall sein, dass Schangnau das Schulhaus 1810 direkt neben die Kirche baute. Heute wird das qualitätsvolle Gebäude privat genutzt.

Ein Besuch des Friedhofs und seiner Umgebung lohnt sich also auf jeden Fall. Gemäss der Friedhofsordnung steht der Gottesacker der Bevölkerung jederzeit offen, Kindern allerdings nur in Begleitung von Erwachsenen. Das Mitführen von Hunden und Fahrzeugen ist dagegen gänzlich untersagt.

Adresse Dorf 24, 6197 Schangnau | ÖV ab Bahnhof Escholzmatt Bus 251 bis Haltestelle Schangnau Post, dann fünf Minuten zu Fuss | Tipp Zurück zu den Lebenden: Sie werden ihm kaum persönlich begegnen, aber ab dem Skilift Bumbach können Sie auf einem rund einstündigen Spaziergang zum Kemmeribodenbad die Karriere des berühmtesten Schangnauers, des Olympiasiegers und Abfahrtsweltmeisters Beat Feuz, nachverfolgen (www.tourismus-schangnau.ch).

82 Das grösste Hotelzimmer

Ein Fondue im Iglu

Auf einer Rangliste der bekanntesten Gasthöfe im Emmental wäre das Kemmeribodenbad sicher ganz vorne anzutreffen, vielleicht sogar an der Spitze, und das seit vielen Jahrzehnten. Wie sein Name verrät, ist es eines der früher zahlreichen Bäder im Emmental (siehe Ort 92).

Bereits vor 1800 wurde hier eine kleine Badeanstalt betrieben, erst 1834 erhielt der Müllerssohn Friedrich Marti aus Alchenflüh jedoch das Bewirtschaftungsrecht für sein neues Badegebäude, das er zusammen mit einem Steg über die Emme errichtete. 1880 wurde der Fusssteg durch eine befahrbare und gedeckte Holzbrücke ersetzt. Sie wurde 1920 und 1922 durch die Emme weggerissen, und auch seither blieb das Bad vor schlimmen Schäden durch die unberechenbare Emme nicht verschont.

Das Bad mit seinem Schwefelwasser, geeignet für Bade- und Trinkkuren, erfreute sich ausserordentlicher Beliebtheit und musste verschiedentlich erweitert werden. Erst 1988 wurde der Badebetrieb endgültig eingestellt, und nun setzt man im Kemmeriboden auf Wander-, Seminar- und Tagestourismus – weiterhin mit grossem Erfolg. Dieser Erfolg ist angesichts der Lage des Hotels und Landgasthofes zuhinterst im Emmental alles andere als selbstverständlich: Nur schon von Burgdorf aus ist man mit dem Auto rund eine Stunde unterwegs. Da muss dem Publikum etwas Besonderes geboten werden, zum Beispiel ein Dessert mit der legendären Kemmeriboden-Meränggge.

Die Familie Invernizzi, die das Hotel und das Restaurant heute in der sechsten Generation betreibt, lässt sich immer wieder etwas Neues einfallen: So konnte man zum Beispiel einige Jahre in einem Iglu übernachten und im Iglu-Restaurant ein Fondue geniessen. Das Iglu-Restaurant wird im Winter nach wie vor betrieben, und im Sommer kann man die Nacht im grössten Hotelzimmer des Emmentals, auf der ehemaligen Heubühne des 1880 erstellten Bauernhauses, das auch zum Bad gehört, verbringen.

Adresse Kemmeriboden 181, 6197 Schangnau, www.kemmeriboden.ch | **ÖV** ab Bahnhof Escholzmatt Bus 251 bis Haltestelle Kemmeriboden | **Tipp** Auf dem Tagebuchweg, einem anderthalbstündigen Rundweg, der beim Restaurant beginnt, wird an 20 Posten mit teils amüsanten Anekdoten über die Lebensumstände um 1900 im Kurhaus Kemmeribodenbad berichtet.

83 Die Wasserbüffel

Mozzarella ausgerechnet im Emmental?!

Da heisst es, im oberen und obersten Emmental seien die Leute besonders traditionsverbunden und nicht so offen für Neues, und dann reisen 1996 fünf Schangnauer Bauern, unter ihnen der Initiant Hans Bieri, nach Rumänien und kommen mit 14 trächtigen Wasserbüffelrindern und einem Stier zurück, um im Emmental Mozzarella herzustellen! Seither haben auch andere Schweizer Bauern diesen Betriebszweig übernommen, Schangnau ist aber immer noch das «Epizentrum» der Wasserbüffelzucht in der Schweiz. Sieben Landwirte halten hier heute rund 150 Wasserbüffel. Der Anfang war nicht ganz einfach, auch der Käser musste zwei Jahre lang pröbeln und eine «Spionagemission» nach Italien unternehmen, um den Mozzarella schliesslich in der gewünschten Qualität herstellen zu können. Heute wird die Büffelmilch zudem auch zu einem Halbhartkäse verarbeitet.

Wasserbüffel sind genügsame und recht einfach zu haltende Tiere. Sie können auch raueres Futter als Kühe verarbeiten, zum Beispiel Schilf, und werden deshalb in Naturschutzgebieten zur Landschaftspflege eingesetzt. Allerdings sind sie bezüglich ihres Futters auch wählerischer geworden. Wie Hans Bieri erzählt, lassen sie Nesseln links liegen und unterscheiden sich darin nicht von Milchkühen. Wasserbüffel haben eine wesentlich geringere Milchleistung als Kühe, der Landwirt erzielt aber dafür einen deutlich besseren Preis. Büffelmilch enthält 17 Prozent weniger Cholesterin als Kuhmilch, und das Fleisch der Wasserbüffel weist gegenüber Rindfleisch mehr Eisen, Vitamin A und Vitamin B12 auf.

Wer die eindrücklichen Tiere einmal aus der Nähe sehen will, kann sich bei Familie Bieri für eine Führung auf ihrem Biohof anmelden und bei einem Apéro auch Wasserbüffel-Produkte probieren.

Eine Eigenheit haben die Wasserbüffel: Anders als Kühe können sie sehr, sehr personenbezogen sein: So lässt sich etwa Emma fast nur von Hans Bieri melken.

Adresse Schwarzbach 244A, 6197 Schangnau | **ÖV** ab Bahnhof Escholzmatt Bus 251 bis Haltestelle Schangnau Post, anschliessend 25 Minuten zu Fuss | **Öffnungszeiten** Infos zu Führungen unter Tel. 034/4933932 oder per E-Mail an bieri-schwarzbach@bluewin.ch | **Tipp** Büffelfleisch steht zum Beispiel im Restaurant Löwen in Schangnau auf der Karte. Ein Besuch lohnt sich allein schon wegen des architektonisch eindrücklichen Gebäudes von 1820.

84 Das Bundesrats-Denkmal

Ein «Armengenössiger» beschenkt seine Gemeinde

Da haben sich in Signau die Wege zweier Männer aus zwei Jahrhunderten auf merkwürdige Weise gekreuzt: Hermann Gammeter, aufgewachsen im Aargau, bekam von seinem Vater mehrfach zu hören, aus ihm werde nie etwas werden, und er drohte ihm zudem an, als «Armengenössiger» werde man ihn in seine bernische Heimatgemeinde – nach Signau – abschieben. Vaters berufliche Prophezeiung erwies sich als falsch: Hermann zog 1962 mit 22 Jahren in die USA und machte dort als Hotelmanager eine grosse Karriere. Er lebt heute in den USA, besucht aber während seiner Aufenthalte in der Schweiz regelmässig die ihm «angedrohte» Heimatgemeinde Signau.

Carl Schenk seinerseits wurde 1823 als eines von 14 Kindern in Signau geboren. Als er sechs Jahre alt war, starb seine Mutter, zwei Jahre später auch der Vater. Er erhielt jedoch eine gute Ausbildung, und nach dem Studium der Theologie und Philosophie und einigen Jahren im Kirchendienst wurde er 1855 in den bernischen Regierungsrat gewählt. Dort war er für das Armenwesen zuständig und ordnete es völlig neu: Er sorgte dafür, dass Fürsorgeabhängige nicht mehr in ihre meist armen Heimatgemeinden abgeschoben werden durften, sondern dass die Wohnsitzgemeinden für ihre Unterstützung aufzukommen hatten. Dieses Prinzip gilt seit Langem in der ganzen Schweiz, die Abschiebedrohung von Gammeters Vater war damit ebenso falsch wie seine berufliche Prophezeiung.

Carl Schenks berufliche Karriere ging noch weiter: 1863 wurde er in den Bundesrat gewählt, dem er bis zu seinem Tode 1895 während 31 Jahren angehörte. Er ist damit der Bundesrat mit der längsten Amtsdauer! Vor Jahrzehnten errichtete ihm seine Gemeinde ein Denkmal, das später an einen prominenteren Platz versetzt werden sollte. Als Hermann Gammeter bei einem Besuch in Signau von diesen Plänen erfuhr, schenkte er seiner Heimatgemeinde für die anfallenden Versetzungskosten 20.000 Franken.

Adresse Bundesrat-Carl-Schenk-Platz, 3534 Signau | ÖV direkt gegenüber dem Bahnhof | Tipp Auf dem Weg zur Signauer Kirche begegnet man an der Unteren Sonnhalde 9 einem sehr kleinen, qualitätsvollen, aber etwas rätselhaften Gebäude. Es handelt sich um das 1844 im Biedermeierstil erbaute Gemeindearchiv, eine Gebäudeart, die heute fast ganz verschwunden ist.

85 Die erste Emmebrücke

Die berechtigten Ängste der Brückenbauer

Man kann es sich heute kaum mehr vorstellen, aber bis Mitte des 16. Jahrhunderts gab es im Emmental keine Brücke über die Emme, sondern nur Fussgängerstege, die bei den häufigen Hochwassern immer wieder weggerissen wurden. Fahrzeuge mussten die Emme durch Furten queren, und auch das war nur möglich, wenn es der Wasserstand erlaubte. Ein Fuhrmann, der Waren von Eggwil nach Signau bringen wollte, musste die Emme dabei vier Mal passieren, und wenn die Emme plötzlich anschwoll, kam er nicht mehr weiter. Wie ein solches plötzliches Anschwellen aussehen kann, ist auf YouTube unter «Emmehochwasser» filmisch nachzuverfolgen. Man sieht dort auch die Baumstämme, die die Emme bei diesen Ereignissen jeweils mit sich führt. Sie sind der Grund dafür, dass man bei Emmebrücken auf Pfeiler im Wasser möglichst verzichtet.

Dass die Brückenbauer vor Hochwassern zu Recht Angst hatten, zeigt sich auch am Beispiel der allerersten, 1550 in Signau errichteten Emmentaler Brücke: Sie überlebte nur 100 Jahre. Und die heutige – pfeilerfreie! – Holzbrücke von 1839 ist bereits die dritte Signauer Brücke am aktuellen Standort. Sie ist übrigens eine von mehr als 30 Holzbrücken im Emmental.

Eine Zahl macht die Gefährlichkeit der Emme deutlich: Während bei der Aare der Höchstwasserabfluss etwa fünfmal grösser ist als der mittlere Wasserabfluss, ist er bei der Emme 35-mal grösser! Ein Grund dafür ist, dass die Emme – anders als die Aare – keine Seen als Ausgleichsbecken hat. Eine Auswertung der schriftlichen Quellen hat ergeben, dass im Emmental seit 1431 nicht weniger als 156 Hochwasserereignisse zu verzeichnen waren, darunter mindestens neun katastrophale und 13 schwere: So zerstörte 1764 ein Hochwasser in Rüegsau 24 Häuser, und in Burgdorf stand die Unterstadt zwei Meter unter Wasser. Kein Wunder, ist die Verbauung der Emme seit Jahrhunderten eine ständige Aufgabe ihrer Anstösser.

Adresse Fuhren, 3535 Schüpbach | **ÖV** ab Bahnhof Signau Bus 271 bis Haltestelle Schüpbach Dorf, dann drei Minuten zu Fuss | **Anfahrt** Brücke über die alte Strasse von Langnau nach Schüpbach erreichbar | **Tipp** Die Signauer Brücke ist Teil des Holzbrückenwegs, auf dem im oberen Emmental 18 Brücken über Ilfis und Emme besucht werden können. Interessante und detaillierte Informationen zu den einzelnen Brücken erhält man unter www.holzbruecken-weg.ch.

86 Der Hymnendichter

«Niene geit's so schön u luschtig …«

Vielleicht erhält es bald einmal einen etwas prominenteren Platz, das Denkmal für Christian Wiedmer (1808–1857); am heutigen Standort ist es leicht zu übersehen. Es werden auch nur wenige Emmentaler wissen, wie Wiedmer sein Monument überhaupt verdient hat, dabei kennt jeder die Emmentaler Nationalhymne «Niene geits so schön u luschtig, wie bi üs im Ämmitau», die Wiedmer 1847 gedichtet hat. Im Hauptberuf war er Schlosser, daneben aber auch mehrere Jahre Redaktor des «Wochenblatts des Emmentals», und zwar einer, der in jener politisch aufgewühlten Zeit aus seiner liberalen Haltung keinen Hehl machte. So legte er sich zum Beispiel mit Jeremias Gotthelf an, der ihm zu konservativ war. In einem als Eingabe an seine Zeitung getarnten Bericht unterstellte er dem «Pfaffen» Frauengeschichten und behauptete, Gotthelf, der seinen politischen Gegnern unter allen möglichen Lastern auch Völlerei vorwerfe, sei selbst nicht selten «kanonenvoll». Diese Anschuldigungen musste Wiedmer einige Monate später zurücknehmen und Genugtuung leisten.

Einmal landete er für einen seiner frechen Texte sogar für vier Tage im Gefängnis. Nachdem der konservative Metzgermeister Richard Stoos in den Regierungsrat gewählt worden war, hatte Wiedmer das im «Wochenblatt» so kommentiert: «Denn die grössten aller Kälber, wählten ihren Metzger selber.» Dass der streitbare Wiedmer bei seiner Leserschaft aber sehr beliebt war, zeigte sich, als er nach den vier Tagen aus dem Gefängnis in Langnau entlassen wurde: Vor dem Gefängnis erwarteten ihn die Langnauer Blasmusik und die Signauer Dorfbevölkerung. Sie holten ihren Chrigu in Langnau ab, und der Marsch nach Hause wurde zu einem regelrechten Triumphzug. Der Abend endete mit einem Volksfest.

Bekanntheit erlangte neben Wiedmer auch sein Pudel Mylord. Er hatte die Texte seines Herrn in die doch immerhin sechs Kilometer entfernte Druckerei nach Langnau zu bringen …

Adresse Denkmal gegenüber der Liegenschaft Dorfstrasse 41, 3534 Signau | ÖV ab Bahnhof Signau fünf Minuten zu Fuss | Tipp Signau ist Etappenort des Emmentaler Mords- und Spukgeschichtenwegs, der zu Fuss oder mit dem Velo erkundet werden kann. An 20 lauschigen Orten entlang der Emme und ihren Zuflüssen sind etwas weniger lauschige Geschichten zu hören (www.lauperswil/freizeit/wandern.ch).

87 Die Bahnhofsuhr

Gefragt ist höchste Präzision

Wenn man durchs Emmental fährt, fallen zunächst einmal die vielen schönen Bauernhäuser auf. In der Landwirtschaft sind heute aber nur noch rund zehn Prozent der Arbeitstätigen beschäftigt, rund 35 Prozent dagegen im industriellen Sektor. Zu den Perlen dieses industriellen Sektors gehört sicher die Moser-Baer-Gruppe, deren Produkte heute zu 80 Prozent ins Ausland gehen. Angefangen hat alles 1938 mit Sumiswalder Pendulen und der bekannten Schweizer Bahnhofsuhr, die seit 1945 in Sumiswald hergestellt wird. Neben Bahnunternehmen werden inzwischen aber auch Flughäfen, Schiffe, Spitäler, Kraftwerke und Schulen mit Uhren beliefert, wobei es heute nicht mehr «nur» Uhren sind, sondern ganze Hightech-Zeitsysteme.

Die Kunden verlangen von ihren Uhren- und Zeitsystemen Präzision – teilweise im Nanosekundenbereich – und Ausfallsicherheit, und so ist es nicht weiter erstaunlich, dass Moser-Baer auch in die Medizintechnik eingestiegen ist, wo die gleichen Anforderungen gelten. Dieser Bereich trägt heute bereits rund zur Hälfte zum Umsatz bei, wobei die Tendenz deutlich steigend ist. In der Medizintechnik stellt Moser-Baer komplexe Operationsinstrumente her, die unter anderem aus carbonfaserverstärkten Werkstoffen bestehen, was auf der Welt nur ganz wenigen anderen Firmen gelingt. Die Moser-Baer-Gruppe beschäftigt aktuell knapp 475 Angestellte, 150 von ihnen in Sumiswald.

Ganz wichtig ist Moser-Baer die Unterstützung von Start-ups als Berater und Partner: Man hilft Jungunternehmern bei der Umsetzung ihrer innovativen Ideen, insbesondere in der Produktion, wo den meisten noch das nötige Know-how fehlt.

Neben der Bahnhofsuhr kennt jedermann in der Schweiz ein zweites, seit Jahrzehnten von Moser-Baer hergestelltes Produkt, zwar nicht vom Sehen, aber vom Hören: das Dreiklanghorn des Postautos mit dem bekannten «Dü-Da-Do». Haben Sie das gewusst?

Adresse Spitalstrasse 7, 3454 Sumiswald | ÖV ab Bahnhof Sumiswald-Grünen Bus 481 bis Haltestelle Post | Öffnungszeiten nur bei Führungen zu besichtigen, Infos unter www.moser-baer.com | Tipp Nach einer Führung durch die Firma Moser-Baer darf man sich auf der gegenüberliegenden Strassenseite im Café Zyt ein mit Schoggi gefülltes «Moba-Timeli» gönnen.

88 Das Beinhaus

Die Totenbeinli

Sie gehörten im Mittelalter einfach zu den Friedhöfen dazu, die Beinhäuser, und dass sie aus dem Mittelalter stammen, erklärt auch ihre Bezeichnung; heute würde man sie «Knochenhäuser» nennen. Dass «Bein» früher auch «Knochen» bedeutete, wird klar, wenn man an unsere Schien- oder Wadenbeine denkt.

Beengte Platzverhältnisse auf den Friedhöfen führten dazu, dass alte Gräber aufgehoben werden mussten. Aus religiösen Gründen konnte man die ausgegrabenen Knochen aber nicht einfach in einer Abfallgrube entsorgen. Ihre Zerstörung hätte bedeutet, dass man später nicht mehr körperlich hätte wiederauferstehen können. Deshalb bewahrte man die Knochen in den Beinhäusern auf. Im Laufe der Jahrhunderte wurden die Beinhäuser jedoch immer mehr aufgegeben, in den reformierten Gebieten schon bald nach der Einführung der Reformation, als man dort für diese Art von Totenkult kein Verständnis mehr hatte. Da man nun aber ein Gebäude, das mit einigem Aufwand erstellt wurde, nicht einfach abreisst, kam es zu Umnutzungen, manchmal wurden daraus Abstellkammern oder öffentliche Toiletten, manchmal Leichenhallen oder – wenn sie gross genug waren – auch Wohn- oder sogar Geschäftshäuser.

Genau das geschah in Sumiswald: Das ehemalige, wohl im 13. und 14. Jahrhundert erstellte Beinhaus wurde vermutlich im 18. Jahrhundert zu Wohnzwecken umgebaut. Später beherbergte es eine Confiserie. Es wird erzählt, dass eine ihrer sehr geschätzten Spezialitäten die ursprünglich aus Graubünden stammenden Totenbeinli, ein Haselnuss-Gebäck, gewesen sein sollen …

Als das ehemalige Beinhaus 2015 zum Verkauf stand, beschloss die Kirchgemeinde Sumiswald, die Liegenschaft zu erwerben. Das Gebäude steht gleich neben der Kirche, daher bot sich die Möglichkeit, dort Wohn- und Arbeitsräume für den Pfarrer einzurichten. Ein Teil des Gebäudes ist heute auch fremdvermietet.

Adresse Kirchgasse 6, 3454 Sumiswald | ÖV ab Bahnhof Sumiswald-Grünen Bus 481 bis Haltestelle Post | Tipp Ein weiteres, in baulicher Hinsicht noch weitgehend intaktes Beinhaus aus der Zeit um 1500 ist neben der Kirche Utzenstorf zu besichtigen. Wie sein Sumiswalder Pendant steht es unter Denkmalschutz.

89 Der Deutschritterorden

Was das Emmental mit Jerusalem verbindet

Seit dem Ersten Kreuzzug 1096 kämpften die Kreuzritter in Palästina um die Befreiung und den Schutz der heiligen Stätten. Für die Ritter und auch für die Pilger gründeten die deutschen Kreuzritter in Jerusalem ein Spital. Der Papst erkannte sie 1199 als Ritterorden an. Die Ordensleute waren gleichzeitig Mönche und Ritter, zu ihrem Ordenszeichen wurde der weisse Mantel mit dem schwarzen Kreuz.

Die Kunde vom Deutschen Ritterorden erreichte auch das Emmental, und 1225 beschloss der Edle Lütold von Sumiswald, dem Deutschen Spital in Jerusalem Ländereien und Gebäude zu schenken, das aber mit der Verpflichtung, in Sumiswald eine Einrichtung für Arme, Kranke, Hilflose und durchreisende Pilger zu schaffen. So kam es, dass der Deutsche Ritterorden sich in Sumiswald niederliess und hier mit dem Schloss und einer darin integrierten Hospitalanlage das erste Ordenshaus im bernischen Gebiet – Kommende genannt – errichtete.

Nach der Reformation annektierte der Staat Bern 1528 die Besitzungen der Deutschherrenkommende, was aber zu einem Gerichtsverfahren führte. Bern musste in der Folge einige Güter, unter ihnen auch das Schloss Sumiswald, wieder an den Orden zurückgeben. Als sich der Orden später aus dem abgelegenen Sumiswald ganz nach Deutschland zurückzog, kaufte ihm der Staat Bern 1698 – nach 30-jährigen (!) Preisverhandlungen – die letzten verbliebenen Besitzungen ab. Im Besitz des Staates Bern blieb das Schloss bis 1812. In diesem Jahr übernahm es die Gemeinde Sumiswald und führte es zunächst als Arbeits- und Armenanstalt, in den letzten Jahren und bis 2016 als Pflegeheim.

Heute sind im Schloss ein Bed and Breakfast und einige Jungunternehmen, viele aus den Bereichen Gesundheit und Wellness, untergebracht. Damit wird den seinerzeitigen Anliegen des Edlen Lütold von Sumiswald auch heute noch – wenigstens teilweise – Rechnung getragen.

Adresse Schloss 88, 3454 Sumiswald | ÖV ab Bahnhof Sumiswald-Grünen Bus 481 bis Haltestelle Sumiswald Forum, dann zehn Minuten zu Fuss | Tipp Sehr sehenswert ist auch die 1510 noch unter dem Deutschritterorden errichtete spätgotische Kirche mit ihrem wertvollen Scheibenzyklus.

90 Der Haslebacher-Hof

Ein unschönes Kapitel der bernischen Geschichte

Neben dem Bauernkrieg (siehe Ort 76) dürften auch die Täuferverfolgungen dazu beigetragen haben, dass das Verhältnis der Emmentaler zu ihrer Regierung nicht immer ungetrübt war. Im Emmental waren die Täufer nämlich recht beliebt, auch wenn sie mit ihren Forderungen weiter gingen als die Reformierten. Sie wollten erst die Erwachsenen taufen und weigerten sich, einen Eid zu schwören oder Militärdienst zu leisten. Das konnte dem Staat und seiner «Staatskirche» natürlich nicht gefallen, und es begannen die Täuferverfolgungen, die vielmehr «Täuferjagden» waren: Täuferjäger gingen auf die Suche nach Täufern, um sie der Obrigkeit zu übergeben und ein Kopfgeld einzuheimsen. Die Täufer reagierten auf ihre Verfolgung unter anderem damit, dass sie in ihren Häusern Verstecke einbauten. Insgesamt 40 Täufer wurden hingerichtet, 1571 als Letzter im Gebiet des heutigen Kantons Bern der wichtige Täuferlehrer Hans Haslebacher aus Sumiswald. Auf seinem Hof, der immer noch im Besitz direkter Nachkommen ist, kann im Speicher eine kleine Täuferausstellung besucht werden.

Als «mildere» Massnahme gestattete die Obrigkeit den Täufern ab 1710 die Ausreise, und im Jahr darauf fuhren in Bern die ersten drei Schiffe nach Holland ab. Von dort ging die Fahrt weiter nach Amerika. In den folgenden Jahren kam es zu einer regelrechten Auswanderungswelle mit mehreren Schiffen pro Jahr. Eine bekannte Täufergruppe in den USA sind die Amischen, die heute noch in ihren Gottesdiensten das Haslibacherlied singen, in dem vom Schicksal ihres hingerichteten Täuferlehrers erzählt wird.

Vielleicht weist auch die Ortsbezeichnung «Amerika» in Sumiswald auf die Täufer hin: Sie wollten ihre verstorbenen Angehörigen nicht auf den gewöhnlichen Friedhöfen beerdigen und «vergassen» deshalb die Todesmeldungen an die Obrigkeit. Bei Rückfragen der Behörden erklärte man dann einfach, der Vermisste sei nach Amerika ausgewandert.

Adresse Haslenbach 70, 3454 Sumiswald | ÖV ab Bahnhof Sumiswald-Grünen Bus 481 bis Haltestelle Sumiswald Forum, anschliessend 25 Minuten zu Fuss | Öffnungszeiten Täuferausstellung April–Okt. gegen Voranmeldung zu besuchen, Infos unter www.haslebacher-hof.ch | Tipp Der Hof liegt am Täuferpfad, auf dem der Geschichte der Täufer anhand eines informativen Führers nachgegangen werden kann. Er ist auf der Website der Gemeinde Sumiswald herunterzuladen.

91 Die Jugendstilmalereien

Ein Gasthof schafft's in die Weltliteratur

Es gäbe viel zu erzählen über den Landgasthof Bären in Sumiswald, angefangen bei der Architektur. Die Denkmalpflege bezeichnet das Hauptgebäude als «architektonisch und historisch einmalig». Und von «Hauptgebäude» spricht die Denkmalpflege deshalb, weil daneben eine der früher recht verbreiteten, heute aber selten gewordenen Trinkhallen steht. Einst gehörte zum «Bären» zudem ein Pferdestall, der als Pferdewechselstation an der Strasse Bern–Luzern diente und zur Komfortsteigerung für die Reisenden sogar über eine Passerelle mit dem Gasthof verbunden war.

Der Bären hat auch Eingang in die Weltliteratur gefunden: Als Sumiswald im Mittelalter von einem schweren Pestzug betroffen war, sollen gemäss einer alten Sage die wenigen Überlebenden nach einer Totenmesse alle am runden Tisch im Bären Platz gefunden haben. Gotthelf (siehe Ort 68) hat diese Sage in seiner Novelle «Die schwarze Spinne» verarbeitet und schuf damit sein international bekanntestes und meistübersetztes Werk. Thomas Mann bewunderte die Novelle «wie kaum ein anderes Stück Weltliteratur».

Ob es diese Novelle war, die den bekannten Maler Ferdinand Hodler dazu inspirierte, 1880 einige Wochen im Bären zu verbringen? Auf jeden Fall war er in Sumiswald fleissig und malte während seines Aufenthalts unter anderem die beiden Töchter des Bärenwirts. Ein anderer Maler verbrachte wohl noch mehr Zeit im Bären: Der Theatermaler Johann Kraus schmückte 1898 den Saal im zweiten Obergeschoss mit dekorativen Jugendstilmalereien aus.

Und dann beherbergt der Bären mindestens seit 1826 auch noch eine kleine Ausstellung: 1823 gründeten 34 Handwerker in Sumiswald die allererste Krankenkasse der Schweiz und beschenkten sie mit Miniaturen ihrer Handwerksarbeit. Die Krankenkasse existiert bis heute als «Sumiswalder Kranken- und Unfallkasse», und zwar – als grosse Seltenheit – immer noch in der seinerzeitigen und heute völlig unüblichen Vereinsform.

Adresse Marktgasse 1, 3454 Sumiswald | **ÖV** ab Bahnhof Sumiswald-Grünen Bus 481 bis Haltestelle Post | **Öffnungszeiten** Infos unter www.baeren-sumiswald.ch | **Tipp** Am Hauptsitz der Sumiswalder Kranken- und Unfallkasse an der Spitalstrasse 47 ist ein weiterer Teil der kunstvollen Handwerker-Miniaturen ausgestellt (www.sumiswalder.ch).

92__Das Kuttelbad

Ein Bäderzentrum im Emmental

In der Blütezeit der Mineralbäder ab 1850 existierten im Kanton Bern mehr als 70 Bäder, fast die Hälfte von ihnen im Emmental und in den angrenzenden Gemeinden. Zu einem echten Bäderzentrum entwickelte sich Sumiswald, das mit Grünenbad, Riedbad, Tannenbad und Kuttelbad nicht weniger als vier Bäder aufwies. Der Niedergang der Bäder begann um 1900, einerseits weil es nun gegen verschiedene Krankheiten, die man in den Bädern behandelt hatte, neue Medikamente oder Behandlungsmethoden gab, andererseits weil immer mehr Leute zu Hause über Badegelegenheiten verfügten und sich die Feriengewohnheiten änderten.

Auch das Kuttelbad konnte sich dieser Entwicklung nicht entziehen. Als Bad bestand es seit Anfang des 19. Jahrhunderts, und es erlangte eine gewisse Berühmtheit, weil Gotthelf es in seiner 1848 erschienenen Erzählung «Michels Brautschau» erwähnte und dort als «niedlichsten aller Badeorte» bezeichnete. 1919 wurde der Badebetrieb eingestellt und die Liegenschaft in ein Ferienheim für Schulkinder umgewandelt. Nach der Aufgabe des Heimbetriebs erfolgte 1957 der Umbau in eine Gastwirtschaft. Heute kann man dort auch übernachten, in Doppelzimmern, Schlaffässern, im Massenlager oder unter freiem Himmel im Emmentaler Schlafkäse. Auch Gäste mit Wohnwagen oder Zelten sind willkommen.

Seit 1960 ist das auf 1.054 Metern gelegene Kuttelbad für Fahrzeuge über eine Güterstrasse erreichbar, davor musste man zu Fuss gehen. In seiner ersten schriftlichen Erwähnung hiess es deshalb auch, das Bad sei «in einer furchtbaren Wildnis» gelegen. Sogar das elektrische Licht fehlte 1960 noch. Licht ist heute vorhanden, auf Internet und Handyempfang muss (oder darf) man jedoch verzichten. Doch wer weiss: Vielleicht können durch den Verzicht auf elektronische Geräte hartnäckige Kopfschmerzen beseitigt werden. Auf jeden Fall war das Kuttelbad zu Bäderzeiten für entsprechende Heilerfolge bekannt.

Adresse Kurzenei 1317, 3457 Wasen im Emmental | ÖV Bus 481 ab Bahnhof Sumiswald-Grünen bis Haltestelle Wasen Kirche, anschliessend 30 Minuten zu Fuss | Anfahrt Zufahrt ab Wasen über eine teilweise nicht asphaltierte Strasse im Wald | Öffnungszeiten Infos unter www.kuttelbad.ch | Tipp Riedbad und Tannenbad existieren heute noch als Restaurants, im «Häxehüsli», dem früheren Riedbad, kann man sogar übernachten. Es ist für seine originellen Dekorationen in der Gaststube bekannt.

93 Die PB Swiss Tools AG

Werkzeuge mit unbeschränkter Garantie

Wenn sich eine Firma tief im Emmental entscheidet, einen englischen Namen anzunehmen und mit dem Slogan «Work with the best» aufzutreten, zeugt dies einerseits von Internationalität, andererseits von Selbstbewusstsein, und beides ist hier gerechtfertigt: Die rund 13 Millionen Werkzeuge, die 180 Mitarbeitende jährlich herstellen, gehen zu zwei Dritteln in den Export, in circa 90 Länder. Dabei ist das Label «Swiss Made» hier absolut korrekt: Die Produktion erfolgt zu 100 Prozent im Emmental. Und auch die Qualität stimmt. Kaum eine andere Firma wagt es, für Material- und Herstellungsfehler eine zeitlich unbegrenzte Garantie zu leisten. Diese Qualität ist auch nötig. Zu den Kunden gehören zum Beispiel die Raumfahrt- und die Flugzeugindustrie oder Spitäler, und sie alle stellen sehr hohe technische Anforderungen, weil Mängel katastrophale Folgen haben könnten.

Dabei hat 1878 alles mit einer einfachen Schmiedewerkstatt angefangen: Einige wenige Angestellte beschlugen Pferde und fabrizierten Zangen, Nägel, Hufeisen, Sicheln und Feldmausefallen, Letztere mittels einer eigens dafür konstruierten, tinguelyartigen, Feldmausefallenmaschine. Der Aufschwung kam mit dem Zweiten Weltkrieg, als man vom Militär den Auftrag erhielt, Werkzeuge in grösseren Mengen herzustellen. Nach dem Krieg ergriff Firmeninhaber Paul Baumann die Flucht nach vorne und erwarb eine damals sehr teure Spritzgussmaschine, mit der die ehemals hölzernen Werkzeugriffe nun maschinell aus einem transparenten roten Kunststoff gefertigt werden konnten. Diese Griffe wurden zum Markenzeichen und international zur Norm.

Um auch in Zukunft bestehen zu können, werden rund 20 Prozent des Umsatzes in die Entwicklung neuer Produkte investiert. Und die Zukunft des Familienunternehmens ist auch personell gesichert: Vor kurzer Zeit ist die fünfte Generation der Familie Baumann ins Geschäft eingestiegen.

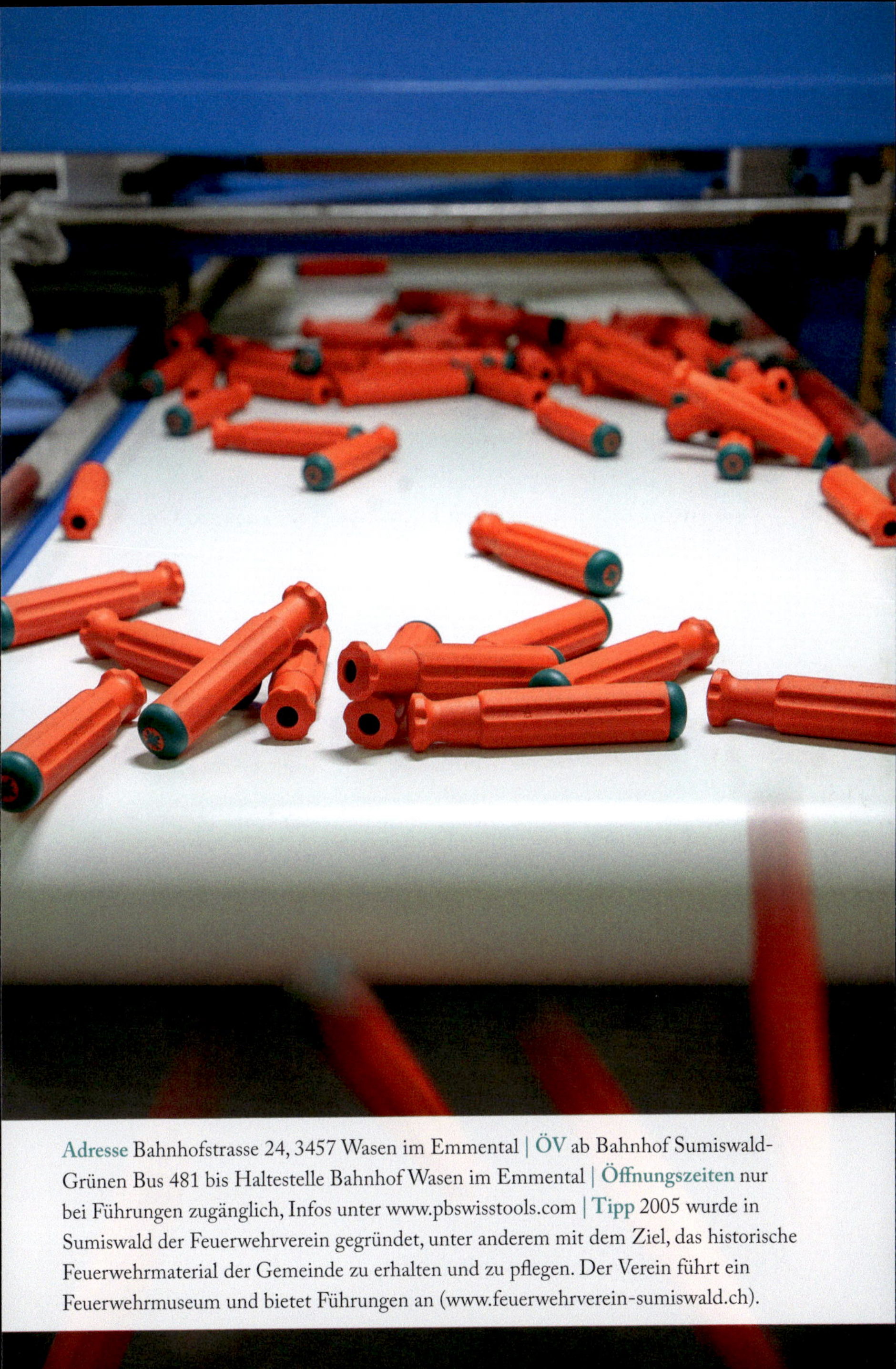

Adresse Bahnhofstrasse 24, 3457 Wasen im Emmental | **ÖV** ab Bahnhof Sumiswald-Grünen Bus 481 bis Haltestelle Bahnhof Wasen im Emmental | **Öffnungszeiten** nur bei Führungen zugänglich, Infos unter www.pbswisstools.com | **Tipp** 2005 wurde in Sumiswald der Feuerwehrverein gegründet, unter anderem mit dem Ziel, das historische Feuerwehrmaterial der Gemeinde zu erhalten und zu pflegen. Der Verein führt ein Feuerwehrmuseum und bietet Führungen an (www.feuerwehrverein-sumiswald.ch).

94 Die Reist-Örgeli

Wenn die Nachfrage zum Problem wird

Vor mehr als 50 Jahren begann der begeisterte Schwyzerörgelispieler Rudolf Reist in seiner Freizeit, zuerst für sich, später aber auch für Bekannte Schwyzerörgeli zu bauen. Und das in einer so guten Qualität, dass die Freizeit bald nicht mehr ausreichte, um die Nachfrage zu befriedigen. Er bat seinen Sohn, ins Geschäft einzusteigen. Trotz weiterer Anstellungen musste man die Kunden in der «schlimmsten» Zeit auf eine siebenjährige Lieferfrist hinweisen. Heute ist bereits die dritte Generation im Geschäft tätig, und zusammen mit 14 Angestellten, von denen einige Teilzeit arbeiten, ist es gelungen, die Lieferfrist auf anderthalb Jahre zu verkürzen. Die hohen Qualitätsansprüche des Grossvaters gelten aber immer noch, was bereits beim Material sichtbar wird: So sollte das Holz vor der Verarbeitung mindestens fünf bis zehn Jahre alt sein. Daneben wird bei Reists nur Metall und kein Kunststoff verarbeitet. Reist-Örgeli erweisen sich deshalb als besonders langlebig und wertbeständig. So kann es durchaus sein, dass ein 30-jähriges Reist-Örgeli heute im Verkauf höhere Preise erzielt als seinerzeit beim Kauf.

Gegenüber früher ist das Angebot breiter geworden. Hergestellt werden nun zum Beispiel auch sogenannte Wiener Örgeli, die keinen Resonanzkasten haben, und es wird mehr auf Kundenwünsche eingegangen. Das und die Qualität haben natürlich ihren Preis: Mit mindestens 3.800 Franken muss man rechnen, bei individuellen Wünschen bezüglich Holz und Verzierungen kann es auch fünfstellig werden. Die Dekorationen auf den Hölzern werden im Übrigen grösstenteils im Haus selbst kreiert.

Im Vergleich zu Grossvaters Zeiten ist in den letzten Jahren der Handel ein weiteres wichtiges Standbein geworden. Im Laden wird neben Noten auch alles weitere Zubehör für Örgelispieler verkauft, zum Beispiel Fussschemel. Daneben bietet man auch die Restaurierung und Revidierung von älteren Örgeli an.

Adresse Dorfstrasse 35, 3457 Wasen im Emmental | **ÖV** ab Bahnhof Sumiswald-Grünen Bus 481 bis Haltestelle Wasen Kirche | **Öffnungszeiten** Laden: Mo–Fr 8–12 und 13–18 Uhr, Sa 8–12 Uhr; Werkstatt: Mo–Fr 7–12 und 13–17 Uhr | **Tipp** Die Reist Örgeli AG ist Teil des Handwerkerwegs Wasen, der zu verschiedenen traditionellen Handwerksbetrieben führt (www.handwerkerweg.ch).

95 Die Trachtenschneiderin

Ein Kleidungsstück, das sich Modetrends verweigert

«Die Berner Tracht orientiert sich nicht nach der Mode, sie drückt die Zugehörigkeit zu einer bestimmten Region im Kanton Bern aus.» So liest man in einem Merkblatt der Bernischen Trachtenvereinigung, und gerade im Emmental wird die Zugehörigkeit zu dieser Region bei Hochzeiten, Taufen, traditionsverbundenen Festen und offiziellen Anlässen immer noch häufig durch das Tragen einer Tracht demonstriert. Dabei hat die Trägerin verschiedene Trachten zur Auswahl:

Am bekanntesten dürfte die mit viel Silberschmuck getragene schwarze Sonntagstracht sein. Eine etwas schlichtere Version dieser Tracht ist die zu Ehren des bekannten Emmentaler Dichters so genannte Gotthelftracht. Hier wird auf Silberschmuck verzichtet, und der Stoff ist etwas weniger edel. Ebenfalls schwarz ist die bei festlichen Anlässen getragene Tschöplitracht, die eigentliche Kirchentracht. Wer's lieber farbig mag, trägt die Freudenberger- oder die Müngertracht. Dabei ist klar geregelt, wie all diese Trachten genau auszusehen haben und welche Accessoires zu den jeweiligen Trachten gehören. Sie richten sich eben nicht nach der Mode, sondern folgen einer teilweise mehr als 100-jährigen Tradition.

Für die Herstellung der Trachten ist viel Handarbeit nötig, und es werden kostbare Stoffe verwendet, was sich auch auf den Preis auswirkt: Für eine Sonntagstracht muss man mit mindestens 4.000 Franken rechnen, der zugehörige Silberschmuck ist ab 3.000 Franken zu haben.

Die wohl bekannteste Trachtenschneiderin im Emmental ist Vreni Reist, die ihrem Handwerk mehr als 55 Jahre nachging und eine der ersten Damenschneiderinnen (heute: Bekleidungsgestalterin) war, die das Zusatzdiplom als Trachtenschneiderin erwarb. Mit Vreni Röthlisberger hat sie eine würdige Nachfolgerin für ihr Atelier gefunden. Interessierten bietet Vreni Reist mit ihrem fundierten Fachwissen aber immer noch gern Führungen an.

Adresse Dorfstrasse 34, 3457 Wasen im Emmental | ÖV ab Bahnhof Sumiswald-Grünen Bus 481 bis Haltestelle Wasen Kirche | Öffnungszeiten Führungen unter Tel. 034/4371200 oder per E-Mail an info@goxli.ch buchbar | Tipp Ein anderer traditioneller Handwerksbetrieb ist die Sattlerei Blaser an der Dorfstrasse 41. Wie das Atelier von Vreni Reist ist die Sattlerei Teil des Handwerkerwegs (www.handwerkerweg.ch).

96 Das Prominentengefängnis

Als humaner Strafvollzug noch unbekannt war

Schloss Trachselwald gehört zu den wenigen Burgen im Emmental, die den Sturm der Zeiten überstanden haben. Nicht einmal 1798 nahm es Schaden, als nach dem Franzoseneinfall bewaffnete «Revolutionäre» auf dem Schloss erschienen und dem Landvogt zwei Stunden gaben, um zu verschwinden, was dieser auch tat. Tags darauf wurde das Schloss geplündert. Zum damaligen Zeitpunkt wäre es auch nicht mehr zu verteidigen gewesen, war es doch im Laufe der Jahrhunderte von einer befestigten Burg zu einem repräsentativen Schloss umgestaltet worden. Es musste den steigenden Ansprüchen der bernischen Landvögte, die dort ab 1408 residierten, genügen. So wurde zum Beispiel im 16. Jahrhundert die heute noch bestehende gedeckte Treppe erstellt. Als weitere Komfortsteigerung schuf man im 18. Jahrhundert eine Alleezufahrt zum Schloss.

Erbaut worden war die Burg um 1200 auf einem Sporn 70 Meter über dem Dorf, geschützt durch Mauern, einen Burggraben und eine Vorburg. Besonders eindrucksvoll war der 22 Meter hohe Bergfried mit seiner im unteren Bereich 2,6 Meter dicken Mauer. Eine weitere Sicherheitsmassnahme stellte der Eingang dar, der auf elf Meter Höhe angebracht und nur über eine Leiter erreichbar war.

Der untere, finstere Teil des Turms diente als Verlies für Gefangene, die mit einem Flaschenzug hinuntergelassen wurden. Später richtete man hier nach dem Einbau eines Bodens Gefängniszellen für renitente Gefangene ein. Sie wurden noch bis in die Mitte des letzten Jahrhunderts genutzt. Weiter oben im Turm gab es schon früher Gefängniszellen, eine der Zellen ist mit einem Fussblock ausgestattet, in den die Gefangenen ihre Füsse stecken mussten. Man vermutet, dass der Bauernführer Niklaus Leuenberger in dieser Zelle untergebracht war. Auch der beliebte Täuferlehrer Hans Haslebacher musste einige Tage in einer Gefängniszelle im Schloss verbringen.

Adresse Schloss 8, 3456 Trachselwald | **ÖV** ab Bahnhof Sumiswald-Grünen Bus 482 bis Haltestelle Trachselwald, anschliessend 20 Minuten zu Fuss | **Öffnungszeiten** Infos unter www.schloss-trachselwald.ch | **Tipp** Unbedingt einen Besuch wert ist auch die Kirche von Trachselwald, vor allem wegen ihrer polychromen und teilweise illusionistischen Deckenmalereien von 1686.

97__Die Simon-Gfeller-Stube

Der dichtende Lehrer

Zwar ist sein berühmterer Schriftstellerkollege Gotthelf heute in mehr als 30 Gemeinden in Strassennamen verewigt, Simon Gfeller (1868–1943) hat aber etwas erreicht, was Gotthelf nicht vergönnt war: Zu seinem 100. Geburtstag wurde im Jahre 1968 ein ganzes Tal, der Dürrgraben, umbenannt und erhielt den Namen seines wohl bekanntesten Werks: «Heimisbach». Ganze fünf Jahre hatte er an diesem Roman geschrieben, und als er 1910 publiziert wurde, fand er viel Anerkennung: «Simon Gfeller ist ein Poet, er sieht mehr als andere Leute und weiss es auch so darzustellen, dass wir mit ihm schauen», las man zum Beispiel im «Berner Tagblatt».

Der Erfolg von «Heimisbach» motivierte Gfeller dazu, weitere Werke zu verfassen. Daneben war er aber nach seinem Seminarabschluss im Jahre 1887 immer als Lehrer tätig, zuerst in Grünenmatt und ab 1896 während 33 Jahren zusammen mit seiner Ehefrau auf der Egg in Lützelflüh, wo sie zusammen eine Gesamtschule führten. Gfeller muss ein liebevoller Lehrer gewesen sein, auf jeden Fall erachtete er es als «erste und heiligste Pflicht für den Lehrer, die Seelen der Kinder kennenzulernen. Darum muss er sich das unbedingte, unbegrenzte Vertrauen der Kinder erwerben.» Und wie Pestalozzi war er gegen die blosse «Dressur» der Kinder: «Wir wollen Menschen erziehen, nicht Papageien plappern lehren.«

Was sein Werk so besonders macht: Gfeller schrieb nicht auf Hochdeutsch, sondern im berndeutschen Dialekt. Dabei wurde einmal gesagt, er spreche «die Sprache des emmentalischen Lehrers oder die der gut erzogenen Bauerntochter», dies im Unterschied zum Zeitgenossen Carl Albert Loosli, der «die Sprache des emmentalischen Karrers» spreche und auch mal fluche.

1934 erhielt Gfeller von der Universität Bern den Ehrendoktor, und 1970 wurde im historisch möblierten Schulzimmer, in dem Gfeller seine eigene Schulzeit verbracht hatte, eine Gedenkstube eingerichtet.

Adresse Thal 126, 3453 Heimisbach | ÖV ab Bahnhof Grünenmatt Bus 482 bis Haltestelle Thal | Öffnungszeiten 1. Mai – 31. Okt. 9 – 18 Uhr, in den restlichen Monaten auf Anfrage, Infos unter www.simongfeller.ch | Tipp Zur Erholung nach dem Museumsbesuch empfiehlt sich ein Besuch des nahe gelegenen Gasthofs Krummholzbad mit seiner schönen alten Gaststube. Es finden hier auch immer wieder kulturelle Veranstaltungen statt.

98 Das Zither-Kultur-Zentrum

Viel mehr als nur ein Museum

Lorenz Mühlemann ist selbst der Meinung, der Name seiner Institution sei etwas kompliziert, was hier geboten wird, kann aber auch nicht kurz umschrieben werden. Angefangen hat Mühlemanns Begeisterung für die Zither vor mehr als 40 Jahren, als er das Lehrerseminar besuchte. Er war anschliessend auch als Lehrer tätig, begann daneben aber, Zithern zu sammeln. Nach 20 Jahren beschloss er, sich ganz der Zither zu widmen, und so führt er nun in Trachselwald, in der 1614 erstellten und 1770 erweiterten ehemaligen Amtsschaffnerei, sein Zither-Zentrum.

Zunächst einmal ist es ein Museum, und zwar eines, das in seinem Umfang und in seiner Vollständigkeit wohl europäische Relevanz hat. Nicht weniger als 111 Zithern sind ausgestellt. Für das Emmental von besonderer Bedeutung ist die Halszither, hier «Hanottere» genannt. Sie war in den Alpenländern in der Volksmusik weit verbreitet, und im Emmental gab es mehrere Zithermacher, die auch ästhetisch sehr schöne Exemplare bauten, das im Nebenerwerb und als Autodidakten! Daneben sind im Museum aber auch wunderschöne Konzertzithern zu sehen, die im 19. Jahrhundert den Ansprüchen des Adels und des reichen Bürgertums genügen mussten. Schliesslich dürfte kaum irgendwo so viel Notenmaterial für Zithermusik zu finden sein wie hier in den Museumsschränken.

Der «freischaffende Zitherer», wie sich Lorenz Mühlemann selbst nennt, ist der Geschichte der Zither auch wissenschaftlich nachgegangen und hat mehrere Bücher publiziert. Selbstverständlich weiss er sein Instrument auch zu spielen und stellt die verschiedenen Zithern gern an Konzerten vor. Er gibt sein Können zudem in Unterrichtsstunden weiter, und wer will, kann unter seiner Anleitung sogar selbst eine Zither herstellen. Lorenz Mühlemann will damit der Zither wieder einen grösseren Stellenwert geben.

Adresse Dorf 3, 3456 Trachselwald | **ÖV** ab Bahnhof Sumiswald-Grünen Bus 482 bis Haltestelle Trachselwald | **Öffnungszeiten** Infos unter www.zither.ch | **Tipp** Nach einem Besuch im Zither-Zentrum lohnt sich ein Rundgang durch das Dorf Trachselwald, wo fast jedes Gebäude Beachtung verdient. Lorenz Mühlemann steht übrigens auch hier gern als Führer zur Verfügung.

99 Das Kloster Trub

Es bleibt (fast) nur die Erinnerung

Das im 12. Jahrhundert gegründete Kloster Trub war einst das bedeutendste Kloster im Emmental. Hier und im angrenzenden Entlebuch war es Grossgrundbesitzer und besass – wie es sich für ein Kloster gehörte – auch Weinberge im Seeland. Weiter durfte es die Pfarrer von Langnau, Lauperswil, Hasle und Oberburg stellen und gründete mit dem Kloster Rüegsau das vermutlich älteste Frauenkloster im Kanton Bern.

Dass das Kloster 1528 mit der Einführung der Reformation im Kanton Bern aufgehoben wurde, dürfte von seinen Lehensleuten kaum sehr bedauert worden sein. Sie hatten alljährlich Zinsen abzuliefern und im Verzugsfall Bussen zu entrichten, waren zur Fronarbeit verpflichtet und hatten auch hier Bussen zu zahlen, wenn sie trotz Aufgebot nicht zur Arbeit erschienen, und sie mussten sogar Wachs für die Beleuchtung der Kirche liefern. Zudem war der Abt natürlich auch ihr Gerichtsherr und durfte ihnen zum Beispiel das Fischen und Jagen verbieten.

Der zweitletzte Abt, Thüring Rust, verliess das sinkende Schiff schon vier Jahre vor der Aufhebung des Klosters. Er trat bereits 1524 zum neuen Glauben über, heiratete und verdiente seinen Lebensunterhalt fortan mit der Produktion von Dachschindeln. Das aber nur bis 1528, als er zum ersten reformierten Pfarrer von Lauperswil gewählt wurde. In seiner Kirche ist er bis heute auf einer Glasscheibe verewigt (siehe Ort 66). Auf einer weiteren Scheibe findet sich auch der letzte Abt des Klosters, Heinrich Ruoff. Ansonsten ist vom Kloster Trub nicht viel übrig geblieben. Nur das als «Chloster» bezeichnete Kirchgemeindehaus enthält noch frühere Bausubstanz, so Balken aus der Klosterzeit.

Von der Aufhebung des Klosters profitierte neben den Lehensleuten auch der Film «Die Herbstzeitlosen»: Die Dreharbeiten, die vor den Mauern des ehemaligen Klosters stattfanden, wären von einem Abt sicher als gotteslästerlich verboten worden …

Adresse Dorfstrasse 36, 3556 Trub | **ÖV** ab Bahnhof Trubschachen Bus 284 bis Haltestelle Trub Löwenplatz | **Tipp** Machen Sie unbedingt einen Dorfrundgang: Die «Schweizer Illustrierte» hat Trub 2019 zum schönsten Dorf der Schweiz erkoren. Trub ist übrigens mit seinen 61,99 Quadratkilometern die flächenmässig grösste Gemeinde im Verwaltungskreis Emmental.

100 Der Napf

Er hat es nicht ganz an die Spitze geschafft

1871 war die erste Bergbahn Europas auf die Rigi erstellt worden, und vier Jahre später, 1875, wurde auf dem Rigi-Gipfel bereits das Grand-Hotel eröffnet. Auf diese Ereignisse nahm ein Wanderer Bezug, der 1875, im Jahr der Hoteleröffnung, den Napf bestieg und danach mit Blick auf die von dort aus gut sichtbare Rigi Folgendes festhielt: «O, bewahre! Wir lassen uns nicht höhnen und beneiden dich nicht, du Kellnerburg! Haben wir auch keinen See zu Füssen, so steht uns dafür auch kein geldstolzer Mensch in der Sonne; wir dürfen frei und froh im weichen, kurzen Gras liegen.»

Im weichen Gras liegen kann man immer noch, seit 1882 aber auch im stattlichen Berghotel Napf einkehren und dort sogar übernachten, in einfachen Hotelzimmern oder zu günstigen Preisen in Vierer-Abteilen in einem Touristenlager. Auf den Luxus einer Bergbahn muss man dagegen bis heute verzichten. Das Projekt einer Zahnradbahn, die vor mehr als 100 Jahren geplant war, scheiterte an der Finanzierung. Nicht einmal mit dem Auto ist der Napf erreichbar, wie früher geht es nur zu Fuss oder mit dem Velo hinauf, vorzugsweise mit dem E-Bike.

Den Ausgangspunkt für den Aufstieg kann man seiner sportlichen Fitness anpassen und entweder einen rechten Höhenunterschied in Kauf nehmen oder eine gemütliche und aussichtsreiche Gratwanderung wählen, zum Beispiel ab der Lüderenalp. Übrigens hat es der Napf mit seinen 1.406 Metern nicht ganz an die Spitze der Emmentaler Erhebungen geschafft: Der Wachthubel ist mit seinen 1.414 Metern noch höher, er verfügt aber leider nicht über ein Restaurant.

Und noch einen Vorzug hat der Napf gegenüber dem Wachthubel: «Wer nicht spürt, dass der Napf ein Kraftort ist, dem fehlt ein Gen.» Das hat einer geschrieben, der es wissen muss: Peter Helfenstein hat den Napf in einem einzigen Jahr nicht weniger als 367-mal bestiegen und ist damit alleiniger Rekordhalter.

Adresse Berghotel Napf, 3557 Fankhaus | Anfahrt nur zu Fuss oder mit dem Fahrrad erreichbar | Öffnungszeiten Infos unter www.berghotelnapf.ch | Tipp Ein möglicher Ausgangspunkt für eine gemütliche Napfwanderung ist das Niederänzi im Truber Hüttengraben. Dann aber unbedingt in der dortigen Alpwirtschaft einen Zwischenhalt auf der Terrasse einlegen, wo man eine grossartige Sicht auf den Jura und die Alpen hat!

101 Der Waldfriedhof

Eine Basler Familie zieht's ins Emmental

Damit rechnet man wirklich nicht, wenn man zuhinterst im Twärengraben, mitten im Wald, auf einige Grabsteine stösst, und man fragt sich, wie die teils mannshohen und massiven Steine auf dieses abgelegene Waldstück gelangen konnten. Das Erstaunen wird noch grösser, wenn man auf einem der Grabmäler das Hoheitszeichen der deutschen Wehrmacht entdeckt und liest, dass der Oberleutnant Karl Günther Braus am 20. März 1942 für sein Vaterland auf der Krim in Russland gefallen ist. Seine geliebte Ehefrau folgte ihm zwei Jahre später in die Ewigkeit, als Opfer einer Bombardierung.

Auf den übrigen fünf Grabsteinen findet sich vor allem der Familienname Riggenbach, ein altes Basler Geschlecht, und diese Familie war es, die vermutlich in den 30er Jahren des letzten Jahrhunderts auf die Idee kam, im Twärengraben, wo sie seit 1933 eine Ferienwohnung besass, einen «Familienfriedhof» anzulegen. Vom entfernten Verwandten Heinrich Riggenbach erfährt man dann auch, dass der Vater des gefallenen Karl Günther Braus in die Familie eingeheiratet hatte. Offenbar liegen nur unter zwei Grabsteinen Gebeine, weitere, ältere, kamen vermutlich hierher, als 1931 die Aufhebung des Basler Friedhofs Wolfgottesacker drohte.

Auf einem dieser alten Grabsteine erkennt man den Namen Christoph Riggenbach, der 1863 verstarb. Er war einer der Baumeister der neugotischen Basler Elisabethenkirche. Nur nebenbei: In seinem Todesjahr wurde die Zahnstange seines Cousins Niklaus Riggenbach in Paris patentiert, und dank dieser Erfindung konnte ein paar Jahre später die erste Zahnradbahn Europas auf die Rigi erstellt werden.

Zum Waldfriedhof fährt keine Bahn, es bleibt nur ein etwa viertelstündiger Fussmarsch ab dem Hof Ober Breitenboden die Güterstrasse hinauf bis zur Krete, dann hält man sich rechts bis zum Wald und geht dort im Wald auf einem Weglein wieder etwas abwärts, bis man auf die Grabsteine stösst.

Adresse Ober Breitenboden, 3556 Trub | **Anfahrt** im Twärengraben bis zum Hof Ober Breitenboden fahren, anschliessend zu Fuss weiter | **Tipp** Wie in Sumiswald (siehe Ort 90) gibt es auch in Trub, das einst als «Täufernest» galt, einen Täuferweg. Er ist Teil des Erlebniswegs, auf dem die Gemeinde Trub und ihre Geschichte vorgestellt werden (www.trub.ch).

102 Das berühmte Bretzeli

Wie aus einer Liebes- eine Erfolgsgeschichte wurde

Während eines Welschlandjahres verliebt sich der junge Oscar R. Kambly in ein Mädchen aus Trubschachen. Ein Leben ohne sie kann er sich nicht mehr vorstellen, er zieht aus dem Berner Oberland nach Trubschachen, macht in der Dorfbäckerei eine Lehre als Bäcker-Konditor und übernimmt später, 1906, das Geschäft seines Lehrmeisters. Er beginnt nach dem Rezept seiner Grossmutter Bretzeli zu backen. Bald wird die Bäckerei zu klein, 1910 gründet er deshalb zusammen mit seinem Bruder am heutigen Standort eine Fabrik.

Mit Stolz dürfte der Firmengründer heute vernehmen, dass sein Bretzeli nach wie vor das beliebteste Kambly-Produkt ist, er würde aber wohl kaum glauben, dass in Trubschachen und Ravensburg von über 600 Angestellten mehr als 100 verschiedene Fein- und Salzgebäcke hergestellt werden. Freuen würde er sich sicher darüber, dass Kambly nun in der vierten Generation von seiner Urgrosstochter und ihrem Ehemann geführt wird.

Trubschachen ist aber nicht nur Produktions-, sondern auch Verkaufs- und Erlebnisstandort. In der «Kambly Erlebniswelt» – dem meistbesuchten Ausflugsziel im Emmental! – kann man verschiedene Biskuits probieren und kaufen, erfährt aber auch, woher die Ausgangsmaterialien stammen und in welche Länder die Gebäckstücke verkauft werden.

Das «Kambly Erlebnis» findet ausserhalb des Gebäudes eine Fortsetzung: Mit E-Bikes können auf einer 30 Kilometer langen Tour 14 interessante Orte besucht werden. Wer es ruhiger angehen will, kann mit Zug und Schiff eine Rundreise ab Bern, Interlaken oder Luzern unternehmen und dabei einen einstündigen Halt bei Kambly einlegen. Für Gruppen gedacht ist der Fox-Trail «Emma», der ebenfalls nach Trubschachen führt. Zwei weitere Angebote, der Entdeckerpfad durch Trubschachen und eine Schnitzeljagd, die in Langnau beginnt und der Ilfis entlang nach Trubschachen führt, richten sich an Familien mit Kindern.

Adresse Mühlestrasse 8, 3555 Trubschachen, www.kambly.com | ÖV ab Bahnhof Trubschachen fünf Minuten zu Fuss entlang des Kambly-Produktionspfades | Tipp Der Schulleiter, der sich über die vielen Familien auf dem Entdeckerpfad freute, hat zusammen mit seinen Schülern beim Spielplatz neben dem Schulhaus eine Brätlistelle gebaut, wo auch immer Holz zur Verfügung steht.

103 Die Käserei Hüpfenboden

Vom Alp- zum Tal- und zum Bergkäse

Lange Zeit konnte Emmentaler nur im Sommer auf den Alpen produziert werden (siehe Ort 31). Neue Anbau- und Fütterungsmethoden (siehe Ort 50) sowie Zuchtbemühungen erlaubten es später jedoch, die Milchproduktion so zu erhöhen, dass im Winter auch im Tal eine Käseherstellung möglich wurde. 1815 wurde im Kanton Bern die erste Talkäserei gegründet. Bald folgten weitere: 1840 waren es 140, 1880 bereits 639 Käsereien, die Emmentaler produzierten. Der Absatz war gesichert, und der Emmentaler war auch im Ausland sehr beliebt. Das führte dort zu der Überlegung, statt teuren Käse lieber gleich einen Schweizer Käser zu importieren und den Emmentaler vor Ort herzustellen. Diese Käser wehrten sich vehement, als ihnen 1877 ein erstes Markenschutzgesetz verbieten wollte, ihren Käse «Emmentaler» zu nennen. Seit der Konvention von Stresa von 1951 darf nun Emmentaler aus Frankreich oder Italien zwar noch als solcher bezeichnet werden, muss aber mit einem Herkunftshinweis versehen sein. Deutschland verweigerte die Konventionsunterzeichnung. Der Lauperswiler Johann Althaus hatte den Emmentaler 1827 ins Allgäu gebracht, in Sonthofen wurde ihm deshalb ein Denkmal errichtet.

Als die staatliche Exportunterstützung wegfiel, ging die Emmentaler-Produktion um drei Viertel und die Zahl der Käsereien auf etwa 100 zurück, allerdings auch aufgrund von Fusionen. Bis heute erfolgreich und mehrfach mit Preisen ausgezeichnet ist die Käserei Hüpfenboden. Käsermeister Bernhard Meier stellt seinen «Gotthelf Emmentaler» nach traditionellen Methoden her, deshalb trägt er das Slow-Food-Label. Daneben produziert Meier weitere Käsespezialitäten wie den «Hegeloch Bergkäse». Weil die Höfe der sieben Milchlieferanten im Berggebiet liegen, darf die Käserei, die selbst auch auf rund 1.000 Metern liegt, als «Bergkäserei» und ihr Käse als «Bergkäse» bezeichnet werden.

Adresse Hüpfenboden 422, 3555 Trubschachen | Anfahrt ab Bäraustrasse auf kurvenreicher und schmaler Strasse aufwärts | Öffnungszeiten Mo–Sa 8–11.30 Uhr, im Sommer auch 18.15–19 Uhr | Tipp Aus dem Emmental stammt nicht nur der beste Emmentaler. Michael Spycher von der Käserei Fritzenhaus im Wasen hat mit seinem Gruyère AOP an der Käseweltmeisterschaft in Wisconsin bereits dreimal die Goldmedaille gewonnen (www.kaeserei-fritzenhaus.ch).

104__Das B-17 Museum

Zehn Amerikaner haben Glück im Unglück

Eine rechte Hauptstadt verfügt über einen Flughafen. Zwar wurde bereits 1929 der Flughafen Bern-Belp eröffnet, er litt aber an einer topografisch ungünstigen Lage, und der Ausbau blieb bescheiden. Deshalb plante man in den 40er Jahren, in der Nähe von Bern den «Schweizerischen Zentralflughafen Utzenstorf» zu errichten. Das Gelände dort erfüllte die flugtechnischen Anforderungen, zudem lag es zentral und verkehrsgünstig. Auch ein Anschluss an das Bahnnetz war vorgesehen. Das ausgereifte Projekt eines Interkontinentalflughafens stiess jedoch auf entschiedenen Widerstand der Grundbesitzer und weiterer der Landwirtschaft nahestehender Kreise. Zudem meldete sich Konkurrenz aus Zürich, und so beantragte der Bundesrat 1945 der Bundesversammlung, den Interkontinentalflughafen in Kloten zu erstellen.

Einmal herrschte auf den flachen Feldern um Utzenstorf aber trotzdem Flugverkehr, allerdings unfreiwilliger: Ein amerikanischer B-17-Bomber, eine sogenannte «Fliegende Festung», getauft auf den Namen «Battle Queen – Peg of my Heart», musste am 17. August 1943 nahe Utzenstorf eine Notlandung hinlegen. Das Flugzeug war angeschossen worden, und einer der vier Motoren leckte. Mit Ausnahme des Heckenschützen, der vom Dorfarzt versorgt wurde, waren die insgesamt zehn Besatzungsmitglieder unverletzt geblieben und glücklich, in der Schweiz notgelandet zu sein.

Der Geschichte dieser Bomberlandung und der zehn Insassen ging die Dorfchronistin Barbara Kummer eingehend nach, und auch Rolf Zaugg war von diesem Vorfall so fasziniert, dass er Material über alle 166 (!) amerikanischen Notlandungen und Abstürze in der Schweiz zu sammeln begann. Entstanden ist ein kleines Museum. Sehr gern führt Rolf Zaugg, der zu einem wahren Experten geworden ist, auf Anfrage durch seine spannende Sammlung. Häufige Besucher sind Angehörige von ehemaligen amerikanischen und englischen Fliegersoldaten.

Adresse Rüttistrasse 7, 3427 Utzenstorf | **ÖV** ab Bahnhof Utzenstorf zwei Minuten zu Fuss | **Öffnungszeiten** nur auf Anfrage, Infos unter www.b17museum.ch | **Tipp** In der Nähe des Absturzortes, beim Schützenhaus, steht die sogenannte Bomber-Eiche. Dort brachte der Sohn des seinerzeitigen Bord Engineers im Herbst 1993 eine Gedenktafel an.

105_Der Eiskeller

Vom Verwaltungssitz zur Sommerresidenz

Burgen pflegte man üblicherweise an exponierten und gut zu verteidigenden Orten zu erstellen. Im flachen Gebiet rund um Utzenstorf war ein solcher Platz nicht zu finden, und so musste man sich für Schloss Landshut mit einem kleinen Sandsteinhügel begnügen. Als zusätzlichen Schutz legte man aber rund ums Schloss einen Wassergraben an. Heute ist Schloss Landshut das einzige Wasserschloss im Kanton Bern.

Bis 1514 hatte es verschiedene «private» Eigentümer, die natürlich auch die Gerichtsherren waren und zum Beispiel für Verleumdung eine originelle Regelung vorsahen: Wenn es dem Verleumder nicht gelang, für seinen Vorwurf den Wahrheitsbeweis zu erbringen, musste er vor Gericht bei Gott schwören, dass er vom Verleumdeten nichts anderes wisse als Liebes und Gutes. Verweigerte er diesen Schwur, konnte er seiner falschen Anschuldigung entsprechend bestraft werden. Es empfahl sich damit nicht, dem Nachbarn einen Mord zu unterstellen …

1514 ging Schloss Landshut an den Kanton Bern über, der dort bis zum Franzoseneinfall 1798 seine Landvögte unterbrachte. Als der Amtssitz überflüssig wurde, verkaufte der Staat das Schloss 1812 an Rudolf Niklaus von Wattenwyl, der aus dem eher einfach ausgestatteten Verwaltungssitz eine prächtige Sommerresidenz mit Park, Terrassen und Gartenpavillons machte. Und da man gerade im Sommer gern gekühlte Getränke oder Glacen geniesst, musste damals auch ein Eiskeller her. In diesem heute noch im Park zu besichtigenden Gebäude wurden im Winter ausgesägte Eisblöcke bis in den Sommer hinein gelagert. Der Eiskeller stand nordseitig, von Bäumen beschattet. Zudem lag er tiefer im Boden und war in der Längsachse abgeknickt, damit die warme Sommerluft nicht direkt eindringen konnte.

Wie luxuriös man damals lebte, kann man heute noch nachvollziehen, wenn man durch den von Wasserläufen durchzogenen Landschaftspark lustwandelt.

Adresse Schlossstrasse 17, 3427 Utzenstorf | **ÖV** ab Bahnhof Bätterkinden Bus 884 bis Haltestelle Schloss Landshut | **Tipp** Im Schloss, das heute einer Stiftung gehört, ist das Schweizer Museum für Wild und Jagd untergebracht, und in einigen Räumen sind Möbel und Gemälde aus dem 17. bis 19. Jahrhundert ausgestellt (www.schlosslandshut.ch).

106 Die Wildstation Landshut

Ein Besuch im Wildtierspital

Mehr als 3.000 Wildtiere werden jedes Jahr in die Wildstation Landshut gebracht. Entweder sind sie verletzt und müssen von der Tierärztin Dr. Ulrike Eulenberger versorgt werden, oder es handelt sich um Jungtiere, die zu «Waisenkindern» geworden sind. Ob verletzt oder verwaist, Ziel ist immer, die Tiere möglichst schnell wieder auszuwildern. Die durchschnittliche Aufenthaltsdauer der «Patienten» beträgt zwölf Tage. Gelegentlich dauert es etwas länger, etwa wenn Fledermäuse im Flugtunnel zunächst wieder – oder bei Jungtieren erstmals – das Fliegen lernen müssen. Hochbetrieb herrscht auf der Wildstation jeweils im Frühling und Sommer, wenn bis zu 40 pflegebedürftige Tiere pro Tag eingeliefert werden.

Auf der Wildstation erfährt man aber nicht nur, wie die Tiere gepflegt werden, auf einem Naturlehrpfad wird auch gezeigt, wie eine natürliche und wildtierfreundliche Umgebung aussehen könnte. Denn neben der Wildtierrehabilitation sind die Umwelterziehung und die Naturschutzpädagogik wichtige Anliegen der Wildstation. Zu diesem Zweck werden zum Beispiel Führungen angeboten, oder es können dort Kindergeburtstage mit einem (umwelt)pädagogischen Hintergrund gefeiert werden. Und wer sich dafür interessiert, wie ein «Wildtierspital» genau funktioniert, hat die Möglichkeit, einen Tag lang einem Wildtierpfleger über die Schulter zu schauen.

All diese Leistungen könnten unmöglich an 365 Tagen im Jahr allein von den sieben Festangestellten erbracht werden. Sie werden von nicht weniger als 50 Freiwilligen unterstützt, die alle Gratisarbeit leisten! Die Stiftung Wildstation Landshut wird ausschliesslich von Spenden getragen und weder vom Kanton noch vom Bund unterstützt. Das führt dazu, dass sich Dr. Ulrike Eulenberger nicht allein ihren Patienten – zum Beispiel der kleinen Waldohreule – widmen kann, sondern auch immer wieder auf Geldsuche gehen muss.

Adresse Schlossstrasse 21, 3427 Utzenstorf | ÖV ab Bahnhof Bätterkinden Bus 884 bis Haltestelle Schloss Landshut | Öffnungszeiten Naturlehrpfad 8–17 Uhr; Tierannahme 8–12 und 13.30–17 Uhr | Tipp Der Verein Perlenkette Emme bietet Führungen an, auf denen man die Tierwelt und ihre Lebensräume entdecken kann (www.perlenkette-emme.ch/wildeemme).

107 Der Flachsanbau

So blau blüht nicht nur der Enzian

«Eine der wichtigeren Anpflanzungen in unserer Gegend sind die Webepflanzen Flachs und Hanf. Schon seit vielen Jahren ist diese so wohltätige Art der Kultur hier üblich, aber erst seit einigen Jahren wird besonderer Fleiss darauf verwendet.» Das stellte vor 200 Jahren der Sumiswalder Pfarrer Rudolf Fetscherin fest.

Nachdem diese Anpflanzungen in den letzten Jahrzehnten fast ganz verschwunden waren, kann man nun im Emmental seit einigen Jahren wieder blau blühende Flachsfelder entdecken. Unter dem Dach der 2014 gegründeten SwissFlax GmbH haben sich einige Landwirte aufgemacht, die alte Kulturpflanze, aus der neben Leinen auch Leinsamen gewonnen werden kann, zu neuer Blüte zu führen. Diese Bemühungen fanden bereits Anerkennung: 2019 erhielt die SwissFlax GmbH den Schweizer Designpreis. Die Jury war der Meinung, dass hier den Forderungen unserer Zeit nach Regionalität, umweltgerechter Landwirtschaft, fairer Entlohnung, transparenten Lieferketten, Naturmaterialien, Langlebigkeit und Qualitätsprodukten nachgekommen werde.

Dabei ist der Anbau von Flachs arbeitsintensiver als etwa der von Raps. Auf der Homepage des geschäftsführenden Gesellschafters der SwissFlax GmbH, Adrian Brügger, sind die zahlreichen Arbeitsgänge zu sehen. Wie Adrian Brügger erzählt, kommt dazu, dass die Flachspflanze eine Diva ist: Sie schätze verdichtete Böden gar nicht und benötige viel Regen. Ein Anbau sei deshalb nur in Gegenden mit genügend Niederschlag möglich. 80 Prozent des Flachses würden in Europa produziert, aber 90 Prozent in China unter unklaren Arbeitsbedingungen zu Kleidern verarbeitet. Ziel müsse es sein, die Verarbeitung zurückzuholen, um ökologische und langlebige Kleider herzustellen: Slow fashion statt Fast fashion.

Andrea und Adrian Brügger bieten auf ihrem Hof zur Blütezeit des Flachses im Juni und Juli auf Anfrage gern Führungen an.

Adresse Spychergasse 10, 3425 Willadingen, www.bruegger-willadingen.ch | ÖV Bürgerbus 469 ab Hellsau oder Koppigen bis Haltestelle Willadingen Dorf (nur werktags) | Tipp Die Spychergasse trägt ihren Namen zu Recht: Aufgereiht über der Oesch finden sich hier gleich fünf dieser für das Emmental typischen Gebäude (siehe Ort 110), ein sechstes ist etwas zurückversetzt. Sie wurden alle zwischen 1667 und 1750 erstellt.

108 Die Glungge

Wildwest im Emmental

Der Vorwurf, Heimatfilme gemacht zu haben, lastet bis heute auf Franz Schnyder. Tatsache ist aber, dass er, an den Zuschauerzahlen gemessen, unbestreitbar der erfolgreichste Schweizer Regisseur aller Zeiten war. Allein sein erster Farbfilm «Geld und Geist» (1964) lockte 2,5 Millionen in die Kinos.

Aufgewachsen ist Franz Schnyder (geboren 1910) in Burgdorf. Bereits während des Gymnasiums war für ihn klar, dass er Schauspieler werden wollte. Nach der Matura besuchte er deshalb Schauspielschulen in Düsseldorf und Berlin. Anschliessend war er in Deutschland und der Schweiz auf verschiedenen Bühnen zu sehen. Immer öfter wechselte er aber auch ins Regiefach, so ab 1939 am Schauspielhaus Zürich. 1941 führte er zum ersten Mal bei einem Film Regie, «Gilberte de Courgenay», der ein Riesenerfolg wurde. Grosse Anerkennung bekam er 1954 bis 1964 auch für seine sechs Gotthelf-Verfilmungen, etwa «Uli der Knecht» und «Uli der Pächter». «Die Käserei in der Vehfreude» lief sogar im Ausland, unter dem Titel «Wildwest im Emmental», weil der Film eine Massenschlägerei und ein in Affoltern gedrehtes Wagenrennen beinhaltete. Fast alle Dreharbeiten fanden im Emmental statt, vier Gotthelf-Filme entstanden hauptsächlich in Alchenflüh, wo Schnyder in einer alten Anbauhalle für Salat – älteren Einheimischen noch als «Chicorée-Halle» bekannt – das grösste Filmstudio der Schweiz einrichtete. Es steht heute nicht mehr, zu besichtigen ist aber die «Glungge», wo Schnyder die beiden Uli-Filme drehte. Mit Baujahr 1681 ist sie einer der ältesten Bauernhöfe im Kanton Bern, und man kann man sich hier auf einer Wanderung in den Wynigenbergen in einem Selbstbedienungsbeizli verpflegen.

Nach der 13-teiligen Fernsehserie «Die 6 Kummer-Buben», die 1967 gedreht wurde, fand Schnyder für weitere Projekte keine Geldgeber mehr. Er starb 1993 recht verbittert im Psychiatriezentrum Münsingen.

Adresse Brechershäusern 340, 3474 Rüedisbach | ÖV ab Bahnhof Wynigen Bus 54 bis Haltestelle Grüttermatt, anschliessend 35 Minuten zu Fuss | Tipp Zu Ehren von Franz Schnyder hat die Gemeinde Rüdtligen-Alchenflüh zu seinem 100. Geburtstag im Jahre 2010 den Weg, der zum ehemaligen Filmstudio führte, in «Franz-Schnyder-Weg» umbenannt. Das entsprechende Strassenschild findet sich gleich bei der Emmebrücke.

109 Die Salzbütti

Ein Relikt aus dem Mittelalter?

Als Jesus in der Bergpredigt zu seinen Jüngern sagte «Ihr seid das Salz der Erde», war für jeden klar, dass er damit auf die existenzielle Bedeutung hinwies, die das Salz für die Menschen hat, nicht nur in Hinblick auf das Würzen von Speisen, sondern vor allem auch auf ihre Haltbarmachung.

Weil es so wichtig war, zog der Staat den Salzhandel früh an sich: Seit 1623 durfte im Kanton Bern nur noch der Staat Salz verkaufen. Zu Beginn mit der Begründung, man wolle die Bevölkerung zuverlässig und zu einem günstigen Preis mit Salz versorgen. Später merkte der Staat allerdings, dass sich mit einem Monopol auch Geld verdienen lässt. Auf eine Salzpreiserhöhung reagierte die Bevölkerung immer sehr heftig, so bereits im Bauernkrieg (siehe Ort 76). Und 1900 wurde im Kanton Bern sogar ein Gesetz verabschiedet, das die Festlegung des Salzpreises dem Grossen Rat wegnahm und dem Volk übertrug. In einer Volksabstimmung 1918 wurde denn auch die Erhöhung des Salzpreises von 15 auf 20 Rappen pro Kilogramm abgelehnt.

Zu kaufen war das Salz damals nur in 666 vom Kanton bewilligten Verkaufsstellen, den sogenannten Salzbütten. Die Salzbütti in Wynigen erkennt man heute noch an Tür und Ladenfenster am Bauernhof Kohler. Der 81-jährige Oskar Kohler kann sich daran erinnern, dass seine Familie in guten Zeiten rund fünf Tonnen Salz pro Monat verkauft hat.

Noch 2017 lehnte die Mehrheit des Grossen Rates die Abschaffung des staatlichen Monopols, «ein Relikt aus dem Mittelalter», wie es an der Sitzung bezeichnet wurde, ab. Die Salzgewinnung und der Handel mit Salz sind damit im Kanton Bern bis heute Staatsregale, und Zuwiderhandlungen haben Bussen zur Folge: Früher beliefen sie sich auf einen Franken pro Pfund, heute sind es zwei Franken pro Kilo. Während die Bussgelder aber früher zu zwei Dritteln an den Anzeiger und zu einem Drittel «an die Armen» gingen, behält der Staat heute alles für sich.

Adresse Dorfstrasse 20, 3472 Wynigen | **ÖV** ab Bahnhof Wynigen fünf Minuten zu Fuss | **Tipp** Privatpersonen haben einen «Dorfrundgang Wynigen 2020» eingerichtet, der Erläuterungen zu allen Gebäuden im Dorfkern von Wynigen beinhaltet. Das Heft ist auf der Gemeindeschreiberei erhältlich.

110 Der Speicher

Die Schatzkammer des Bauernhauses

Nicht selten sieht man im Emmental neben dem Bauernhaus ein kleines, unbewohntes Holzhaus stehen, hier «Spycher» genannt. Die Funktion dieses Gebäudes wird von Gotthelf in seinem Roman «Anne Bäbi Jowäger» wie folgt beschrieben: «Der Spycher ist die grosse Schatzkammer in einem Bauernhaus.» Gotthelf listet die Schätze auch gleich auf: Es sind Korn, Fleisch, Kleider, Geld, Vorräte an Tuch und Garn, Schriften und Schmuck. So ist es auch nur logisch, wenn Gotthelf Dieben folgenden Rat gibt: «Darum, wenn Diebe Beute machen wollen, so brechen sie in den Spycher, nicht ins Haus.» Dieser Gefahr versuchte der Bauer auf zwei Arten zu begegnen: einerseits mit einem teilweise sehr raffinierten Schloss am Speicher, andererseits mit seiner Stellung auf dem Hof. Im Idealfall stand er so, dass die am Herd kochende Bäuerin den Eingang des Speichers durchs Küchenfenster im Blick hatte.

Aber warum – so die naheliegende Frage – bewahrte man diese Schätze nicht gleich im Bauernhaus auf, wo sie doch besser überwacht gewesen wären? Neben Dieben gab es früher eine Gefahr, die man noch mehr fürchtete: das Feuer. Brannte ein Bauernhaus ab, blieben wenigstens seine Schätze verschont. Man positionierte den Speicher deshalb so, dass er sich bei einem Brand des Bauernhauses nicht in der vorherrschenden Windrichtung befand.

Speicher sind im ganzen Kanton Bern verbreitet, aber: «Von allen bernischen Speichern ist der Speicher des Emmentals der schönste, keiner ist von solchem Ebenmass wie er.» Das hielt einst der Speicher-Experte Dr. Walter Läderach fest, und er führt als Beispiel den aufwendig gestalteten und sorgfältig restaurierten Speicher der Hofgruppe Schärer aus dem Jahre 1759 an. Neben seinen Holzschnitzereien fällt er auch durch seine Bemalung auf: Die Vorderseite zeigt die Wappen der 13 Alten Orte, zu denen später noch diejenigen von Aargau und Neuenburg kamen, wobei Neuenburg noch mit dem alten preussischen Wappen dargestellt wird.

Adresse Luegstrasse 7a, Wynigen | ÖV ab Bahnhof Wynigen zehn Minuten zu Fuss | Tipp Die Hofgruppe Schärer weist mit dem Küherstock von 1671 eines dieser sehr selten gewordenen Gebäude auf. Die Küher, die den Sommer über auf der Alp waren (siehe Ort 31), wohnten hier im Winter.

111 Der Entenweiher

Vom Auffangbecken zum Vogelschutzgebiet

Die Emme hat knapp 70 Kilometer hinter sich, wenn sie in Zielebach den Kanton Bern verlässt und nun im Kanton Solothurn die letzten zehn Kilometer bis zur Mündung in die Aare zurücklegt. Sie entspringt in 1.650 Meter Höhe, in Zielebach erreicht sie mit 455 Metern über Meer den tiefsten Punkt im Emmental und gleichzeitig auch den nördlichsten.

Die Grenznähe allein erklärt aber nicht, warum der Entenweiher, der zum grössten Teil auf Zielebacher Gemeindegebiet liegt, auf Karten mit «Entenweiher Gerlafingen» bezeichnet wird und damit den Namen der solothurnischen Nachbargemeinde trägt. Das dürfte darauf zurückzuführen sein, dass der Weiher und seine Umgebung im Eigentum der solothurnischen Firma Von Roll standen. Die Eisenwerke Von Roll waren es auch, die aus einem schon vorher bestehenden Teich 1812/13 ein Auffangbecken für Spältenholz machten, das über die Emme nach Gerlafingen geflösst wurde (siehe Ort 32). Zudem wird der Weiher seit Jahrzehnten vom Vogelschutzverein Gerlafingen umsorgt und gepflegt. Und der Einsatz des Vereins hat sich gelohnt: Der Weiher ist ein Vogelschutzgebiet von nationaler Bedeutung, wichtig für Brut- und Zugvögel, und einigen Vögeln dient er auch als Winterquartier. Seit 1983 stehen Weiher und Umgebung unter Naturschutz.

Neben dem Weiher hat Zielebach seinen etwas über 300 Einwohnern nicht viel Infrastruktur zu bieten. So fehlte zum Beispiel immer eine Kirche, zur Predigt musste man nach Utzenstorf pilgern. Offenbar war aber einigen der Weg zu weit. Als Albert Bitzius (siehe Ort 68) noch in Utzenstorf Pfarrer war, hielt er in einem Bericht Folgendes fest: «Ziehlibach ist grob, stolz, unlenksam, im Himmel und Erden niemand über sich achtend, sittliche Bildung herrscht wenig dort, noch weniger aber Gottesfurcht und Religiosität.» Diese Feststellungen machte er 1824. Das ist 200 Jahre her, und heute ist sicher alles besser …

Adresse Zugang ab Bahnhofstrasse, 4564 Gerlafingen | **ÖV** ab Bahnhof Gerlafingen zehn Minuten zu Fuss, dem Wanderwegweiser nach Utzenstorf folgen | **Anfahrt** nur zu Fuss erreichbar, Parkplätze am Bahnhof Gerlafingen | **Tipp** In einer solothurnischen Exklave, aber mitten im Zielebacher Gemeindegebiet, im Weiler Steinhof, steht die «Grosse Fluh», der grösste Findling im Mittelland. Er ist ein lohnendes Ausflugsziel und vom Dorfkern Zielebach aus nicht zu verfehlen.

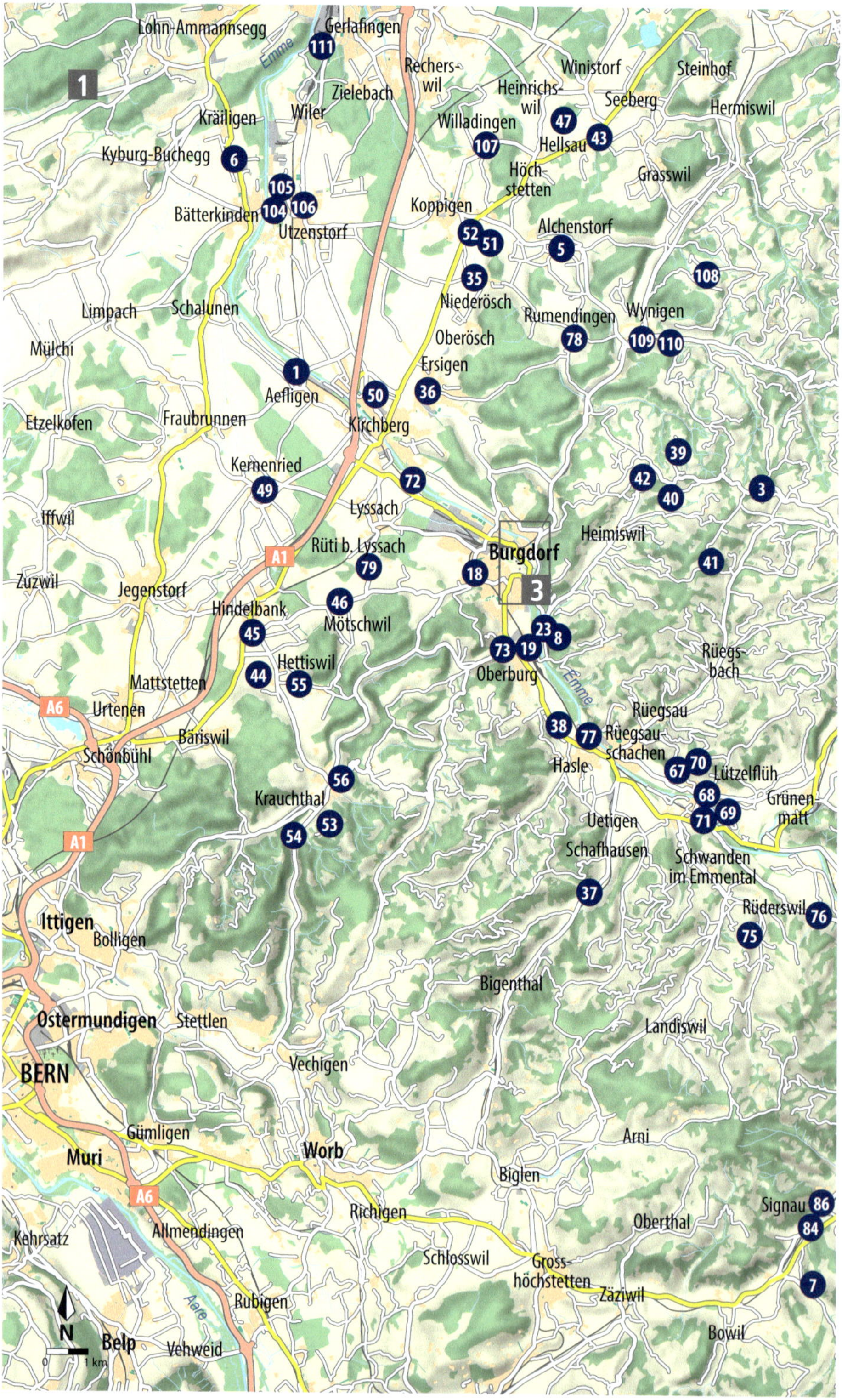

1
3
Lohn-Ammannsegg
Gerlafingen
Emme
Recherswil
Zielebach
Wiler
Kräiligen
Kyburg-Buchegg
Bätterkinden
Utzenstorf
Winistorf
Steinhof
Heinrichswil
Seeberg
Hermiswil
Willadingen
Hellsau
Höchstetten
Grasswil
Koppigen
Alchenstorf
Niederösch
Oberösch
Ersigen
Rumendingen
Wynigen
Limpach
Schalunen
Mülchi
Aefligen
Kirchberg
Etzelkofen
Fraubrunnen
Kernenried
Lyssach
Iffwil
A1
Rüti b. Lyssach
Burgdorf
Heimiswil
Zuzwil
Jegenstorf
Hindelbank
Mötschwil
Oberburg
Hettiswil
Rüegsbach
Mattstetten
A6
Urtenen
Bäriswil
Schönbühl
Rüegsau
Rüegsauschachen
Hasle
Lützelflüh
Grünenmatt
Krauchthal
Uetigen
Schafhausen
Schwanden im Emmental
Rüderswil
Ittigen
Bolligen
Bigenthal
Ostermundigen
Stettlen
Landiswil
BERN
Vechigen
Gümligen
Arni
Muri
Worb
Biglen
Richigen
Signau
Allmendingen
Oberthal
Kehrsatz
Schlosswil
Grosshöchstetten
Zäziwil
Rubigen
Aare
Bowil
Belp
Vehweid
N
0
1 km
111
6
105
104
106
47
43
107
52
51
5
35
108
78
109
110
1
50
36
39
42
3
40
72
49
41
79
18
46
23
8
45
73
19
44
55
38
77
70
67
68
56
69
71
53
54
37
76
75
86
84
7

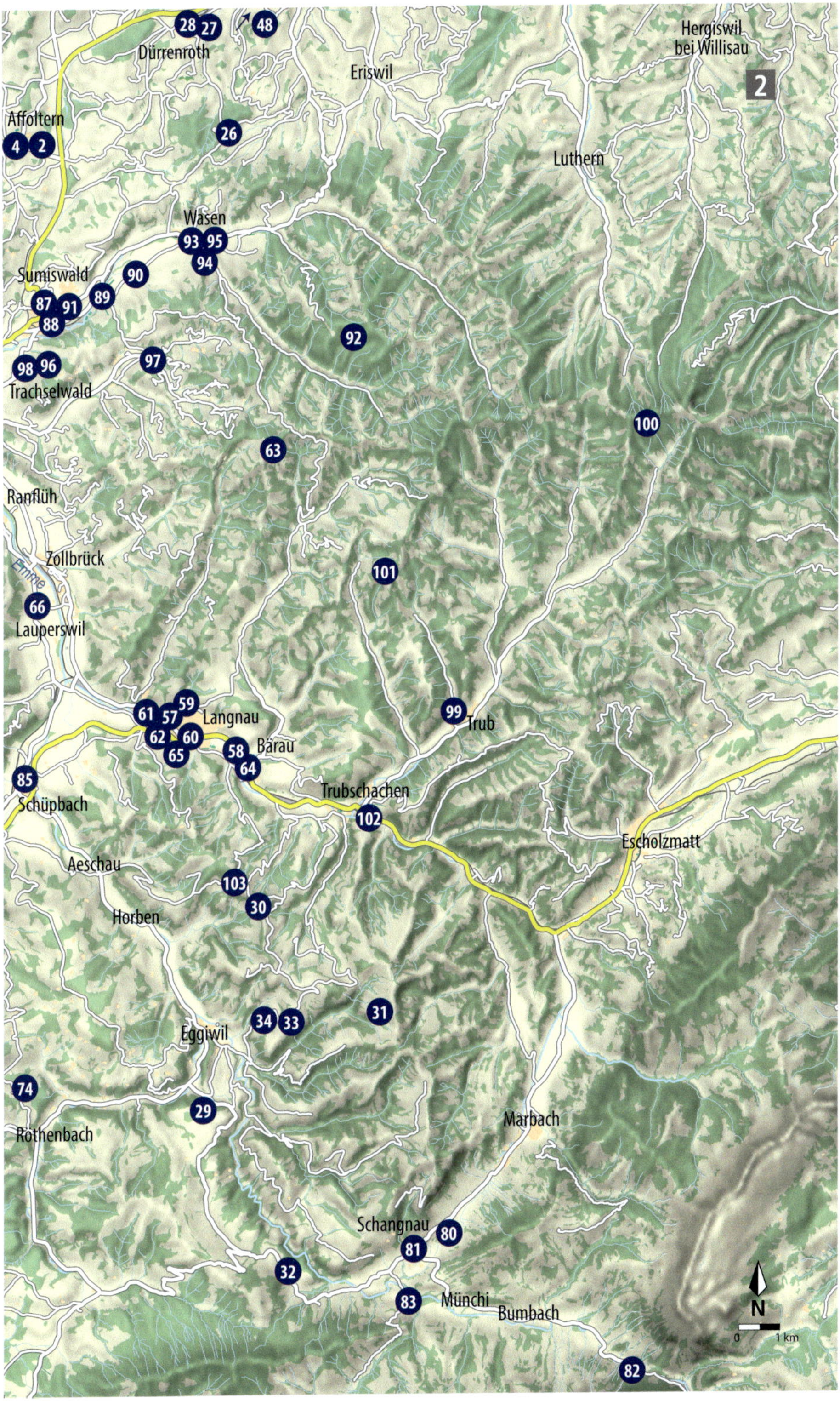
2
Dürrenroth
28
27
48
Eriswil
Hergiswil
bei Willisau
Affoltern
4
2
26
Luthern
Wasen
93
95
94
Sumiswald
90
87
91
88
89
92
98
96
Trachselwald
97
100
63
Ranflüh
Zollbrück
Emme
101
66
Lauperswil
61
57
59
Langnau
62
60
65
58
Bärau
64
99
Trub
85
Schüpbach
Trubschachen
102
Escholzmatt
Aeschau
103
30
Horben
34
33
31
Eggiwil
74
29
Röthenbach
Marbach
Schangnau
80
81
32
83
Münchi
Bumbach
N
0
1 km
82

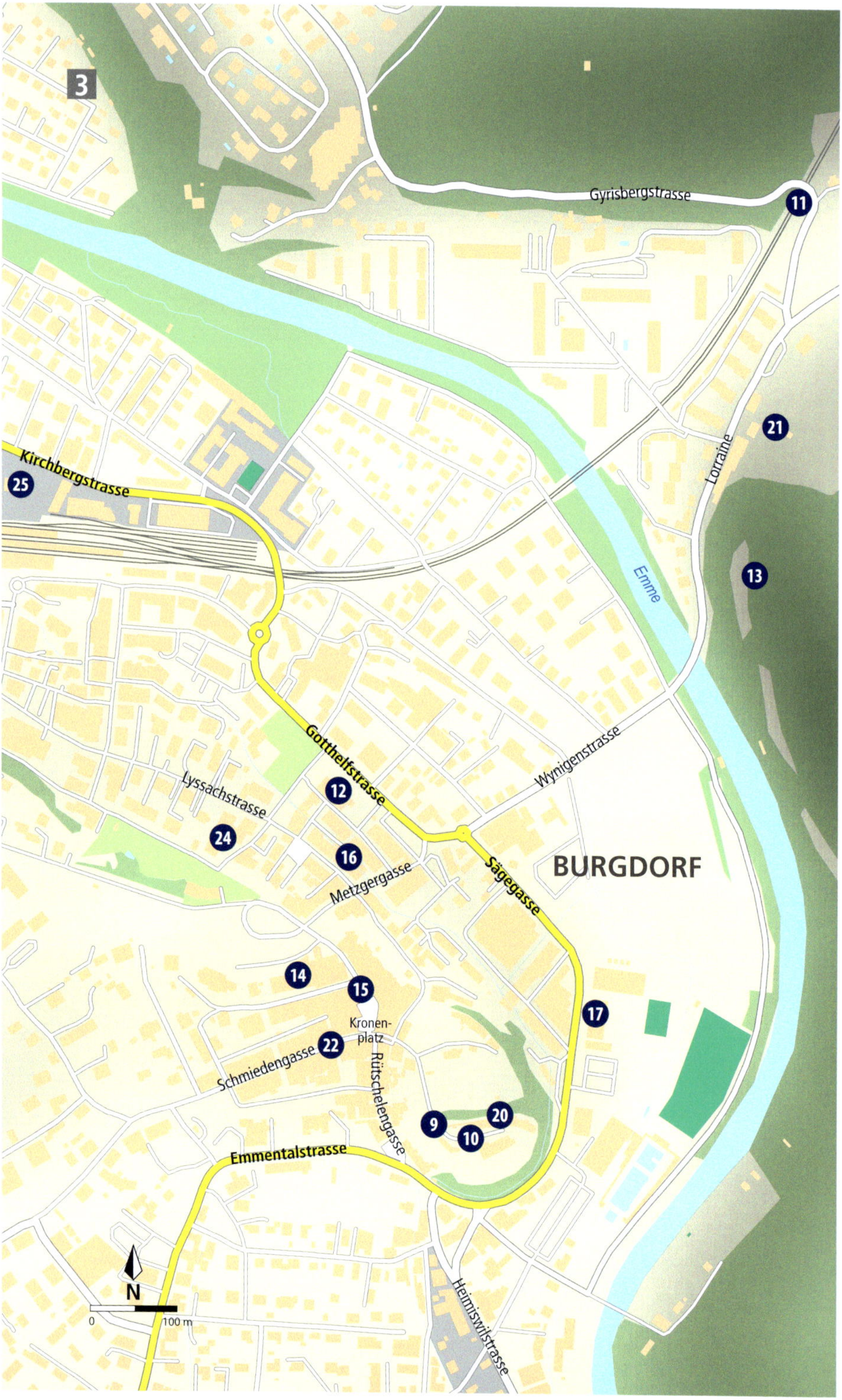
3
Gyrisbergstrasse
11
21
Lorraine
Kirchbergstrasse
25
Emme
13
Gotthelfstrasse
Wynigenstrasse
12
Lyssachstrasse
24
16
Sägegasse
BURGDORF
Metzgergasse
14
15
17
Kronen-
platz
22
Schmiedengasse
Rütschelengasse
20
9
10
Emmentalstrasse
N
0
100 m
Heimiswilstrasse

Dank

Wir danken allen, die uns freundlich empfangen und sich die Zeit genommen haben, uns ihren Betrieb vorzustellen. Weiter danken wir allen, die uns wertvolle Tipps gegeben und unser Projekt unterstützt haben, so Bernhard Antener, Michael Harnischberg, Isabelle Hollenstein, Jörg Peter Niklaus, Madeleine Ryser, Karen Wiedmer, Elisabeth Zäch und dem Förderverein Emmental. Ein ganz besonderer Dank geht an Trudi Aeschlimann, Ernst Roth, Max Sterchi und Ulrich Zwahlen, die sich die Mühe gemacht haben, einige Texte kritisch durchzulesen.

Rückfragen, Anregungen und sogar Kritik nehmen wir gern über blb53@bluewin.ch entgegen.

Emmental

Konsultierte Literatur (Auswahl mit Kurzangaben):

750 Jahre Kernenried 1261–2011 (Hansjürg Häni, 2012)
Aus dem alten Burgdorf, Beiträge zur Ortskunde (Walter Ochsenbein, 1914)
Bauinventar der Denkmalpflege des Kantons Bern: verschiedene Einträge
Berner Bauernhofchroniken (Bände 1–3, 1942–1979)
Berner Heimatbücher (alle Ausgaben, die das Emmental betreffen)
Berner Taschenbuch 1852–1894 und Neues Berner Taschenbuch 1896–1934: verschiedene Jahrgänge
Bernhard Luginbühl Stiftung, 2001
Blätter für bernische Geschichte, Kunst und Altertumskunde: verschiedene Jahrgänge
Burgdorfer Jahrbuch: verschiedene Jahrgänge
Das bernische Stöckli, Eine volkskundliche Studie zum Altersproblem (A. L. Vischer, 1959)
Das Emmental, Land und Leute (Verkehrsverband Emmental, 1954)
Denk mal – ein Denkmal (Fritz von Gunten, 2010)
Die Brücke zu Lützelflüh 1584–1902 (Max Frutiger, 1978)
Die Mineralbäder des Kantons Bern (Adrian J. Lüthi, Dissertation 1957)
Dorfrundgang Wynigen 2020
Emmental, Eine Landschaft erzählt Geschichte (Jonas Glanzmann, 2018)
Emmental, Jahrbuch Geografische Gesellschaft Bern, Band 65/2017
Franz Schnyder, Regisseur der Nation (Ursula Kähler/Raff Fluri, 2020)
Gold in der Schweiz (Peter Pfander/Viktor Jans, 5. Auflage 2013)
Hasle bei Burgdorf, Ortsgeschichte, 1995
Heimatbuch Krauchthal/Thorberg, 1971
Heimatkunde von Rüegsau (Hans Würgler, 1965)
Heimiswil einst und jetzt (Walter Leuenberger, 1978)

Kirchberg, Ortsgeschichte zum 1000-Jahr-Jubiläum, 1994
Krauchthal V, Aus Vergangenheit und Gegenwart, 1999
Kunstführer Emmental (Jürg Schweizer, 1982)
Künstlerkolonie Hellsau (Kunsthaus Langenthal, 1998)
Lauperswil, Geschichte einer emmentalischen Gemeinde und ihrer Bewohner (Hans Minder, 2002)
Oberburg, Eine Gemeinde im unteren Emmental, 1992
Reiseführer für das Emmental (Verena Zürcher, 2017)
Sumiswald vor zweihundert Jahren, Pfarrer Rudolf Fetscherins Gemeindeporträt von 1826 (Bearbeitung Dieter Sigrist, 2022)
Um den Pöli über Heiligenland (Alfred G. Roth, 1998)
Utzenstorf, Bilder aus seiner Vergangenheit (Christian Lerch, 1955)
Volkskunst am Berner Bauernhaus (Christian Rubi, 1942)
Volk und Dichtung der Region Burgdorf (Hans Sommer, 1973)
Zwischen den Fronten (Benjamin Ryser, 2021)

Oliver Zwahlen
111 Orte in Zürich, die man gesehen haben muss
ISBN 978-3-7408-1381-9

Nina Kobelt, Silvia Schaub
111 Orte in St. Gallen, die man gesehen haben muss
ISBN 978-3-7408-1447-2

Corinne Päper
111 Orte in Winterthur, die man gesehen haben muss
ISBN 978-3-7408-1691-9

Dietlind Castor
111 Orte am Bodensee, die man gesehen haben muss
ISBN 978-3-7408-1781-7

Marcus X. Schmid
111 Orte im Herzen des Jura, die man gesehen haben muss
ISBN 978-3-7408-1364-2

Benjamin Amiguet, Marc Voltenauer
111 Orte in den Waadtländer Alpen, die man gesehen haben muss
ISBN 978-3-7408-1466-3

Franziska Weyer
111 Orte rund um den Genfersee, die man gesehen haben muss
ISBN 978-3-7408-1215-7

Regula Tanner
111 Orte im Berner Oberland, die man gesehen haben muss
ISBN 978-3-7408-1547-9

Christian Löhden
111 Orte in Graubünden, die man gesehen haben muss
ISBN 978-3-7408-1551-6

Christoph Schrahe, Stefan Herbke, Thomas Biersack
111 Skipisten, die man gefahren sein muss
ISBN 978-3-7408-1600-1

Marcus X. Schmid
111 Orte in Luzern und rund um den Vierwaldstättersee, die man gesehen haben muss
ISBN 978-3-7408-1811-1

Pierre Thomas
111 Schweizer Weine, die man getrunken haben muss
ISBN 978-3-7408-1301-7

Cornelia Lohs
111 Orte in Bern, die man gesehen haben muss
ISBN 978-3-7408-1385-7

Silvia Schaub
111 Orte im Engadin, die man gesehen haben muss
ISBN 978-3-7408-1386-4

Petra Koci
111 Orte im Kanton Glarus, die man gesehen haben muss
ISBN 978-3-7408-1066-5

Christof Gasser, Barbara Saladin
111 Orte im Kanton Solothurn, die man gesehen haben muss
ISBN 978-3-7408-0975-1

Katharina Hohmann, Fritz von Klinggräff, Ambroise Tièche
111 Orte in Genf, die man gesehen haben muss
ISBN 978-3-7408-0835-8

Silvia Götschi
111 Orte in Nidwalden, die man gesehen haben muss
ISBN 978-3-7408-0566-1

Bruno Lehmann wurde 1953 in Burgdorf geboren und lebt hier bis heute. Während des Studiums der Rechtswissenschaften war er für mehrere Zeitungen journalistisch tätig, entschied sich dann aber für die Juristerei und führte in Burgdorf eine Anwaltskanzlei.

Sabine Käch, geboren 1965, wuchs im Emmental auf. Sie ist freischaffende Kommunikationsberaterin, verfasst Texte und Konzepte und setzt diese auch grafisch um. Fotografie ist ihre Leidenschaft. Sie lebt in der Altstadt von Burgdorf.